KB132868

세상에 대하여 우리가 더 잘 알아야 할 교양 81

지은이 소개

지은이 **손지원**

인터넷 자유 증진을 목적으로 설립된 사단법인 오픈넷에서 한국의 표현물 규제와 관련한 일을 하고 있는 활동가이자 변호사다. 한국의 인터넷 검열 및 감시 현황을 분석한 '한국인터넷투명성보고서'를 발간했으며 방송통신심의위원회 통신자문특별위원회 위원으로 활동했다. 공인에 대한 명예훼손, 모욕 사건, 방송통신심의위원회의 웹사이트 접속차단 사건, 인터넷 게시물 임시조치 제도 및 선거기간 인터넷 실명제 헌법소원 등, 한국의 표현의 자유 보장을 위한 공익소송을 다수 수행하고 있다.

세상에 대하여 우리가 더 잘 알아야 할 교양

손지원 지음

81

인터넷 검열

대안은 없을까?

내인생의책

차례

※ 본문의 **굵은 글씨**로 표시된 단어는 78페이지 용어 설명에서 찾아보세요.

※ 발췌한 부분에는 첨자를 달았습니다. 출처는 출처 보기에서 찾아보세요.

들어가며

인터넷이 없는 삶. 상상되나요? 아침에 일어나서 잠들기 전까지, 우리는 SNS와 메신저로 타인과 소통합니다. 동영상을 보고, 게임을 하며, 쇼핑도 하지요. 이제 우리 삶의 대부분이 인터넷을 통해 이루어지고 있다고 해도 과언이 아닙니다.

인터넷은 물리적 제약과 시간적·공간적 한계를 넘어 우리를 더 많은 사람과 연결해줍니다. 시·공간의 제한을 뛰어넘는 전파력을 모든 개인이 갖게 된 것, 이것이 바로 인터넷의 어마어마한 힘이라고 할 수 있습니다. 옛날에는 국가권력, 대량 인쇄 매체를 소유할 수 있는 자본가, 한정된 전파 자원을 이용할 권리를 부여받은 소수의 방송 사업자가 불특정 다수에게 자신의 표현을 전달할 권력을 독점했습니다. 인터넷은 이처럼 거대한 힘을 모든 개인에게 나누어준 것입니다.

인터넷은 힘없는 개인이 권력자의 통제와 검열을 벗어나 자유롭게 표현하고 소통할 수 있게 했습니다. 진정한 민주주의를 구현하는 혁신적인 수단으로 기능하기도 했지요. 시·공간적 제약으로 편중되어 있던 다양한 지식 정보를 대중이 쉽게 얻을 수 있게 되자, 문명의 발전도 가속화하고 있습니다. 이 모든 것은 인터넷이 누구나 자유롭게 표현할 수 있도록 열려있는 매체이기 때문에 가능했습니다. 만일 이러한 특성이 사라진다면, 인터넷의 미덕도 발휘될 수 없겠지요.

그런데 인터넷 세상의 또 다른 한편에서는 불법하고 유해한 표현물이 넘쳐납니다. 도박 사이트, 마약 판매 사이트를 비롯한 수없이 많은 불법 사이트가 존재하고, 타인에 대한 근거 없는 소문을 퍼뜨리면서 인격을 모독하는 게시물이 많습니다. 사기 거래 정보로 인해 막심한 정신적·물질적 피해를 본 사람들의 이야기도 심심찮게 접할 수 있습니다. 한 동영상 사이트에는 장애인, 노숙자를 괴롭히는 영상이 올라왔고, 심지어 살인 협박 방송이 진행되기도 했습니다. 모두 사회적으로 큰 파문을 일으켰지요.

문제는 불법하고 유해한 표현물 역시 인터넷의 막강한 전파력으로 널리 퍼져 사람들이 손쉽게 접근할 수 있다는 것입니다. 그 때문에 인터넷 표현물에 대한 규제 필요성이 강조되기도 합니다. '인터넷 검열'은 이런 규제 중 하나입니다. 쉽게 말하자면, 인터넷 검열은 여러분이 인터넷에 올린 게시물의 가치를 누군가가 평가하여 삭제·차단을 결정하는 제도라 할 수 있습니다. 인터넷 검열은 불법하거나 유해한 내용의 정보가 확산하는 것을 빠르게 차단함으로써 세상을 더 건전하게 만들 수도 있습니다. 반면, 모호한 기준에 근거한 검열 남용으로 표현의 자유와 알 권리를 억압할 수도 있고요.

그렇다면 건전한 인터넷 세상을 만들기 위한 '인터넷 검열'은 표현의 자유와 어떻게 조화될 수 있을까요? 인터넷 검열을 비롯한 표현물 규제에 있어 우리가 생각해볼 점은 무엇일까요? 인터넷을 더 나은 공간으로 만들기 위한 더 근본적인 대안은 없을까요?

1장 '인터넷 검열'이란 무엇일까?

소크라테스 : 기원전 393년, 소크라테스는 그리스가 자신의 철학적 교리를 검열하려는 시도에 반발, 독배를 들어야 했다. –화가 : 자크 루이 다비드, 1787년 프랑스

인터넷 검열이란?

인터넷 세상이 자유롭다고 해도 모든 행위가 허용되는 것은 아닙니다. 다른 표현물과 마찬가지로, 인터넷 표현물 역시 다른 사람의 권리나 공공의 이익을 침해하는 경우라면 규제될 수 있습니다. 인터넷 표현물이 타인의 권리를 심각하게 침해하거나 사회에 큰 해악을 끼칠 때는 그 표현물을 게시한 사람을 형사처분하는 규제도 있습니다.

금융위원회의 인가 없이는 금융투자업을 영위할 수 없다. 그러나 무인가 금융투자업체는 고수익을 미끼로 이용자를 끌어들여 다양한 방법으로 시민에게 피해를 주고 있다.

넓은 의미의 '검열'이란, 누군가가 표현물의 '내용'을 심사해 표현물의 공개(유통)를 통제하는 행위를 말합니다. 원하는 사람은 누구나 게시물을 붙일 수 있는 학내 게시판이 있다고 가정해봅시다. 이 게시판에는 'B4 크기'로 게시물을 붙여야 한다는 규칙이 있습니다. 그런데 누군가가 A4 크기의 게시물을 붙였습니다. 이에 게시판 관리자(혹은 선생님)가 이 게시물을 떼어냈습니다. 이것은 검열일까요? 아닙니다. 게시물의 '내용'이 아닌 '형식'을 기준으로 한 통제이기 때문입니다. 그렇다면 선생님이 게임 동아리 회원을 모집하는 포스터를 학업에 방해가 된다는 이유로 떼어낸 경우는 어떨까요? 이는 포스터의 '내용'을 보고 결정한 것이기 때문에 검열이라 할 수 있습니다.

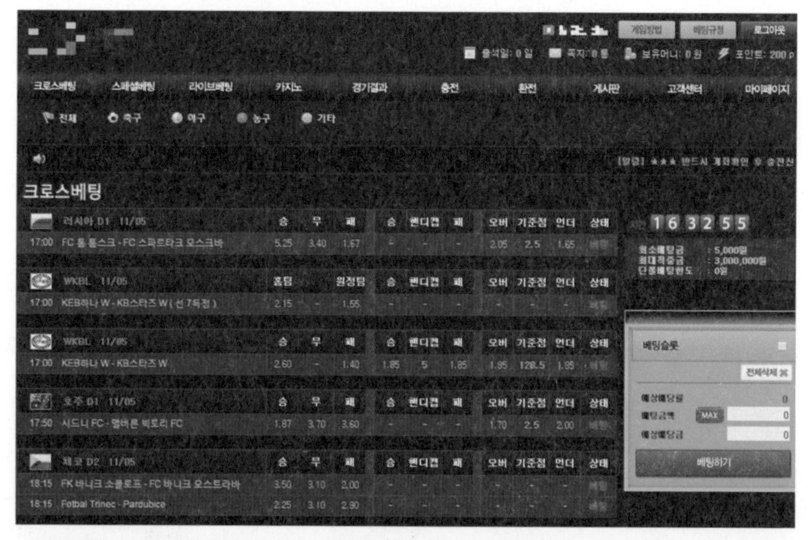

▌ 불법 스포츠 베팅 정보 사이트. 이 사이트는 불법적으로 해외 스포츠 경기에 베팅을 할 수 있도록 하고, 베팅 금액을 제한하지 않고 있다. 또한, 당첨금을 지급하지 않고 사이트를 폐쇄한 후 잠적하는 등, 이용자의 금전적 피해를 증가시키고 있다.

'인터넷 검열'이란 인터넷상에 올라온 표현물(정보)의 내용을 심사해서 일정한 기준에 반하는 경우 삭제나 차단 등의 조치를 시행할 수 있는 제도를 말합니다. 검열의 대상인 인터넷상의 표현물(정보)은 친구에게 보낸 카카오톡 메시지, 몇 줄짜리 댓글, 파일, 동영상 및 게임 콘텐츠, 웹사이트까지 모두 포괄하는 개념입니다.

우리나라의 인터넷 검열 제도

방송통신심의위원회 통신 심의 제도

자, 그럼 우리나라에서 '인터넷 검열'은 어떻게 시행되고 있을까요? 가장 대표적인 인터넷 검열 제도는 '방송통신심의위원회'의 '통신 심의 제도'입니다. 행정기관인 방송통신심의위원회가 '건전한 통신 윤리의 함양'을 위해 인터넷상의 '불법 정보'와 '유해 정보'를 삭제, 차단하도록 요구하는 것이지요.

불법 정보란, 법으로 금지된 행위의 내용을 담은 정보를 말합니다. '음란물', '명예훼손', '도박', '저작권 침해' 등이 대표적인 불법 정보입니다. 이러한 정보를 유포한 사람은 법을 위반했기 때문에 민·형사상 책임을 집니다.

흔히들 '법은 도덕의 최소한'이라고 말합니다. 세상의 모든 '나쁜' 행위를 국가가 개입하여 처벌할 순 없습니다. 사람마다 '나쁘다'의 기준이 각각 다를 수 있고, 어떤 것이 '적정'한 수준의 처벌인지도 모두의 의견이 다를 수 있기 때문입니다. 그래서 '나쁜' 행위 중에 타인의 인권이나 재산권 등을 심각하게 침해하거나 사회 공공에 큰 해악을 가져오는 심각한 행위만 미리 법으로 금지해 두는 것입니다. 불법 정보는 이러한 행위를 초래할 수 있는 정보이기 때문에 규제 필요성이 크다고 할 수 있습니다.

그렇다면 '유해 정보'란 무엇일까요? 말 그대로 불법에는 이르지 않지만 '해로운' 내용을 담은 정보를 뜻합니다. 그런데 무엇이 유해한 정보일까요? 위에서 '나쁨'을 판단하는 기준은 모두가 다를 수 있다고 했듯이, '해로움'이라는 개념도 모두 다르게 정의할 수 있습니다(이 불명확함으로 인한 문제는 뒤에서 더 자세히 논의하겠습니다).

방송통신심의위원회의 심의 규정에서 정의하는 '유해 정보'란 '선량한 풍속 및 기타 사회질서를 현저히 해할 우려가 있는 내용의 정보'입니다. 대표적으로 '과도한 욕설 등 저속한 언어 등을 사용하여 혐오감 또는 불쾌감을 주는 내용', '합리적 이유 없이 성별, 종교, 나이, 사회적 신분, 출신, 인종, 지역, 직업 등을 차별하거나 이에 대한 편견을 조장하는 내용'을 들 수 있습니다.

오프라인 세상에서 표현물을 제거하려면 발행된 책이나 신문을 수거하여 폐기하거나 게시물을 뜯어버리면 되겠지요. 그러나 일정한 형태가 있는 물질이 아닌, 가상의 공간에 전자적 형식으로 존재하는 인터넷 정보는 어떻게 없앨 수 있을까요? 인터넷 검열은 크게 ① 해당 정보를 유통·관리하는 '정보통신서비스제공자'(네이버, 다음, 유튜브 등) 혹은 '게시판의 관리·운영자'(커뮤니티나 웹사이트 운영자 등)에게 직접 이 정보를 '삭제'하도록 하거나, ② 인터넷 접속 서비스를 제공하는 망사업자들(KT, SKT, LG U+ 등)에게 특정 URL이나 웹사이트를 '접속차단'하도록 하는 방식으로 이루어집니다. 방송통신심의위원회의 통신 심의 제도로 삭제 및 차단되는 정보는 연평균 20만 건에 이른다고 합니다.

해외 웹사이트가 불법·유해 정보로 분류될 때에는 어떨까요? 우리나라의 행정기관이 해외 웹사이트 운영자에게 정보 삭제 조치를 강제하기는 어렵습

Warning

불법·유해 정보(사이트)에 대한 차단 안내

지금 접속하려고 하는 정보(사이트)에서 불법·유해 내용이 제공되고 있어
이에 대한 접속이 차단되었음을 알려드립니다.

해당 정보(사이트)는 방송통신심의위원회(KCSC)의 심의를 거쳐
「방송통신위원회의 설치 및 운영에 관한 법률」 에 따라 적법하게 차단된 것이오니
이에 관한 문의사항이 있으시면 아래의 담당기관으로 문의하여 주시기 바랍니다.

※ 차단안내페이지(warning.or.kr)를 도용한 파밍사이트가 발견되어 각별한 주의가 필요합니다.
(차단안내페이지는 개인정보를 요구하거나 프로그램 설치를 유도하지 않습니다.)

사이트분야	담당기관	전화번호
불법 도박	사이버 경찰청	1566-0112
	사행산업통합감독위원회	1855-0112
불법 체육진흥투표권 판매	사행산업통합감독위원회	1855-0112
	국민체육진흥공단 클린스포츠 통합콜센터	1899-1119
불법 승자투표권 구매대행	국민체육진흥공단 경륜·경정 총괄본부	1899-0707

▌ 방송통신심의위원회의 불법 · 유해 사이트 경고 페이지 Warning.or.kr

니다. 그래서 해당 정보에 직접 조치를 하는 대신, 우리나라 망사업자에게 요청해 이용자들이 해당 웹사이트로 접근하지 못하도록 막는 방식을 취합니다. 특정한 장소로 갈 수 있는 '도로'를 막는 것입니다. 그러나 그 장소로 갈 수 있는 도로가 여러 개인 경우에는 앞의 조치가 무용지물이 됩니다. 인터넷 접속차단 조치가 별다른 효용성이 없다는 비판을 받는 이유입니다.

임시조치 제도

포털 사이트나 블로그에서 "이 글은 관리자에 의해 임시조치(게시중단)된 글입니다"라는 문구를 보신 적이 있으신가요? 아마도 이는 현행 정보통신망법의 일명 '임시조치' 제도를 통해 조처된 정보일 것입니다. 임시조치란 인터넷상 정보가 다른 사람의 권리를 침해한다고 보일 경우, 포털 등의 인터넷

NAVER 고객센터

고객님께서 작성하신 게시물이
게시중단(임시조치) 되어 안내 말씀 드립니다.

안녕하세요? 네이버 게시중단요청서비스 담당자 입니다.
항상 네이버를 이용해 주시고 많은 관심 가져 주셔서 진심으로 감사 드립니다.

고객님께서 작성하신 게시물이 다음과 같은 사유로 **게시중단(임시조치)** 되었음을 안내 드립니다.

서비스 사업자가 해당 정보를 차단하도록 하는 제도를 말합니다. 검열은 보통 국가기관이 직접 공권력을 행사하여 심사하고 조처하는 방식을 의미하지만, 이렇듯 사기업의 검열을 법적으로 의무화하는 방식으로 이루어질 수도 있습니다.

임시조치는 주로 게시물의 내용이 '명예훼손'이라는 이유로 이루어집니다. 그런데 우리나라의 '명예훼손'은 '허위'의 사실을 말한 경우뿐 아니라 '진실'한 사실을 말한 경우에도 성립합니다. 이 경우 '공익성'이 인정되면 무죄이긴 하지만, 판단 기준은 매우 모호합니다. 따라서 인터넷 서비스 사업자가 명예훼손이라고 신고된 글에 대해 '명예훼손이 아니다'라며 삭제 요청을 거부하기는 어렵습니다. 결국 대부분의 인터넷 서비스 사업자들은 명예훼손으로 신고된 정보를 별다른 절차 없이 차단하고 있습니다. 이러한 임시조치로 연간 45만 건이 넘는 게시물이 인터넷 공간에서 사라진다고 합니다.

임시조치는 연예인의 자살 사건을 계기로 악플이 심각한 사회 문제로 떠올랐을 때 도입된 제도입니다. 타인의 인격권을 침해하는 글이 인터넷에서 퍼지는 것에 신속하게 대응하기 위한 조치였지요. 그러나 한편에서는 임시조치 제도가 공인이나 비리 기업에 대한 비판적 여론을 차단하는 데 남용되고 있다는 지적을 합니다.

우리나라의 가장 대표적인 인터넷 검열 제도 두 가지를 살펴보았습니다. 이 외에도 인터넷상의 각종 정보를 통제할 수 있는 법과 제도는 무수히 많습니다. 인터넷 검열 방식에는 정보 하나하나에 대한 통제만 있는 것이 아닙니다. 국가가 인터넷 서비스 운영을 관리하거나 국민의 인터넷 접속 자체를 통제하는 방식, 인터넷 기업이 자율적으로 세운 기준에 따라 게시물을 삭제하거나 자동으로 필터링하는 방식으로도 인터넷 검열이 이루어지고 있습니다.

일본 아이치 트리엔날레가 사전 검열하여 '평화의 소녀상' 등 전시를 중단하자 박찬욱, 임민욱 작가는 작품 자진 철수 의사를 밝혔고, '검열에 반대한다'라고 쓴 행사 소식지를 붙이려고 했다.

인터넷 검열은 타인의 권리를 침해하거나 사회적 해악이 매우 큰 정보의 확산을 막는 데 필요할 수도 있지만, 표현의 자유와 알 권리 침해 문제를 늘 동반합니다. 따라서 인터넷 검열 제도가 적정한지를 판단하기 위해서는 검열의 '주체'가 누구인지, 그 '기준'이 무엇인지, '방식'은 적당한지를 곰곰이 고민해봐야 할 것입니다.

간추려 보기

- 인터넷 검열은 일정한 주체가 인터넷상의 표현물(정보)의 내용을 심사해, 정해진 기준을 위반하는 경우 삭제나 차단 등을 결정할 수 있는 제도다.
- 한국에는 ① 행정기관이 인터넷상 불법 정보와 유해 정보에 대해서 삭제나 차단 결정을 내릴 수 있는 통신 심의 제도, ② 인터넷 서비스 사업자가 명예훼손 등을 이유로 신고된 정보를 차단하도록 하는 임시조치 등의 인터넷 검열 제도가 있다.
- 인터넷 검열은 불법 정보의 확산을 막기 위해 필요할 수 있지만, 표현의 자유와 알 권리를 침해할 수도 있다. 인터넷 검열 제도가 적정한지를 판단하기 위해서는 검열의 '주체', '기준', '방식'을 고려해야 한다.

DÉCLARATION UNIVERSELLE
DES DROITS DE L'HOMME
1948
1998
3,00
LA POSTE
RÉPUBLIQUE FRANÇAISE
BARAS
ITVF

2장 표현의 자유와 알 권리

1998년 세계인권선언 50주년 기념 우표 프랑스 발행;
다양한 인종을 보여주고 있다.

2018년 5월, 페이스북이 한 게시물을 삭제하고 1개월 동안 계정을 정지한 사건이 있었습니다. 해당 게시물이 '음란한 이미지'를 담고 있단 이유였습니다.[1] 해당 사진은 한 여성이 여성단체 행사에서 상의 탈의 퍼포먼스를 하는 장면을 담고 있었습니다. 페이스북의 조치에 여성단체는 크게 반발했고, 페이스북코리아

2018년 6월 2일 오후 서울 강남구 페이스북코리아 앞에서 여성단체 '불꽃페미액션' 회원들이 페이스북의 성차별적 규정에 항의하는 상의 탈의 시위를 하고 있다.

앞에서도 상의 탈의 시위를 벌이며 항의했습니다. 결국 페이스북은 사과 후 해당 게시물을 복원했습니다. 그러나 이후에도 여성의 상반신이 노출된 이미지 차단은 이어졌습니다.[2]

페이스북의 검열은 국가나 법에 따라 강제된 검열은 아니었지만, 인터넷 기업의 검열 역시 표현의 자유 및 사회 담론 형성에 큰 영향을 미칠 수 있음을 보여준 사례입니다. 누군가는 여성의 가슴 사진이 음란하고 불편하다고 생각할 수 있지만, 또 다른 누군가는 해당 사진이 여성에 대한 부당한 억압과 그에 대한 저항을 상징한다고 판단할 수 있습니다. 즉, 페이스북의 검열은 표현물의 가치가 사람에 따라 다르게 판단될 수 있음을 잘 드러내는 사례라고 할 수 있습니다. 이 사례는 정당한 항의의 표현을 왜곡한 표현의 자유 침해일까요, 아니면 청소년을 비롯한 다른 사용자를 불쾌감이나 음란물로부터 보호하기 위한 정당한 검열일까요?

표현의 자유

표현의 자유와 그 의의

인터넷 검열로 침해될 수 있는 '표현의 자유'란 무엇일까요? 표현의 자유는 왜 보장받아야 할까요? 흔히 어떤 표현이 문제가 된 경우, 그 표현의 내용이 올바르지 않거나 잘못된 것이라 판단된 경우 해당 표현물이 금지되어야 한다고 생각하기 쉽습니다. 그러나 표현의 자유는 정당하거나 옳은 표현에만 주어지는 권리가 아닙니다.

표현의 자유란 의견, 사상 등을 외부에 표출할 수 있는 자유를 말합니다. 사회적 동물인 인간에게 자기 생각을 타인에게 전달하고 교류하고자 하는 것은 가장 원초적인 욕망입니다. 헌법은 표현의 자유를 인간이 태어날 때부터 '천부적'으로 가지는 자유로 간주합니다. 그 때문에 이를 '자유권'이라는 **기본권**으로 보장합니다. 국가가 표현의 자유를 함부로 제한할 수 없음을 선언한 것이죠.

특히 우리 헌법재판소는 표현의 자유를 "국민 개인적인 차원에서는 자유로운 인격 발현의 수단임과 동시에 합리적이고 건설적인 의사 형성 및 진리 발견의 수단이 되며, 국가와 사회적인 차원에서는 민주주의 국가와 사회의 존립과 발전에 필수 불가결한 기본권"[3]이라고 규정하여 다른 기본권보다 더 우월한 권리라고 강조하고 있습니다.[4] 즉, '표현'은 개인이 각자의 인격을 발현하기 위한 행위이며, 개인 간의 상호작용으로 이루어지는 사회는 표현의 자유를 최대한으로 보장해야 잘 유지될 수 있다는 것입니다. 아무리 건전한 사회라고 해도, 각 개인이 자신의 생각을 자유로이 말하는 것을 함부로 금지하는 사회는 개인의 자유와 인격을 보장한다고 할 수 없습니다.

존 스튜어트 밀은 자유론에서 "타인의 자유를 해하지 않는 모든 자유를 보호해야 한다."라고 했습니다. 이에 따르면 표현의 자유도 다른 사람의 기본권을 침해하지 않는 선에서 보장받을 수 있습니다. 우리 헌법이나 국제 기준 역시 '타인의 권리를 침해'하거나 '공공의 이익을 해할 경우'에는 표현의 자유가 제한될 수 있다고 말합니다. 물론 이 경우에도 무조건 다 제한될 수 있는 것은 아닙니다. 그 표현 행위로 인해 침해되는 타인의 권리나 공익이 어느 정도인지, 만일 그 표현 행위를 제한한다고 하였을 때 침해되는 표현의 자유나 공익은 어느 정도인지를 비교해서 판단해야겠지요.

알아 두기

존 스튜어트 밀의 《자유론》

《자유론》은 1859년 영국의 철학자이자 경제학자인 존 스튜어트 밀이 '자유'에 관하여 쓴 저서입니다. 다수의 횡포에 대한 개인의 자유를 옹호하고 사상과 토론의 자유를 지지했으며, 어떤 사회나 국가도 인간 개성의 자유로운 발달을 저해할 권리가 없다고 주장했습니다.

'개인에 대한 사회의 간섭을 정당화할 수 있는 유일한 목적은 타인에게 가해지는 해악을 방지하는 것'이라는 주장이 자유론의 요지입니다. "우리가 타인의 행복을 빼앗으려 하지 않는 한, 또한 행복을 손에 넣으려는 타인의 노력을 방해하려고 하지 않는 한, 자기 자신의 행복을 자신의 뜻대로 추구하는 자유"를 진정한 자유라 할 수 있는 것입니다.

책의 2장에서는 특히 사상과 언론의 자유, 즉 표현의 자유의 중요성을 강조하고 있습니다. 밀은 전체 인류 가운데 단 한 사람이 다른 의견을 가지고 있다고 해도, 그 사람에게 침묵을 강요하는 일은 옳지 못하다고 주장합니다. 어떠한 의견도 절대적으로 오류가 없다고 단정할 수 없으며, 어떠한 의견도 진리일 가능성을 배제할 수 없기 때문입니다.

만일 탄압하려는 의견이 옳을 경우, 우리는 진리를 찾을 기회를 잃어버리게 됩니다. 설령 탄압하려는 의견이 잘못된 것이라 하더라도 그 의견을 탄압해서는 안 됩니다. 틀린 의견과 옳은 의견을 대비시킴으로써 진리를 더 생생하고 명확하게 드러낼 수 있는 기회를 박탈하는 잘못을 저지르는 것이기 때문입니다.

그러나 눈에 보이지 않는 '가치'를 기준으로 이를 비교하고 판단하는 일은 매우 어렵습니다. 사람을 때려서 몸에 상처를 입히거나, 물건을 던져 파손시키거나, 사기를 쳐서 재산을 빼앗는 행위는 그 행위로 인한 결과·해악이 겉으로 드러납니다. 그러나 표현 행위는 말하는 사람과 듣는 사람의 언어적·

정신적 상호작용에 의한 것이기에 그 결과가 눈에 보이지 않습니다. 즉, 표현 행위는 표현만으로 완성되는 것이 아니라, 듣는 사람의 머릿속에서 해석을 거쳐 그가 가진 인식에 영향을 주는 것으로 완성되어 결과가 나타나는 것입니다.

이 복잡한 과정에 가치판단을 내리는 것은 불가능에 가깝습니다. 결국 어떤 표현 행위에 다른 사람의 기본권이나 공공의 이익을 침해하는 '해악'이 있는지, 그것이 어느 정도인지에 관한 기준은 사람마다 잣대가 달라질 수 있는 추상적이고 상대적인 것입니다. 결정 권한을 가진 권력자나 판단자의 개인적인 잣대에 따라 국민의 기본권 제한 여부가 좌지우지될 수 있다면, 법으로 국민의 기본권을 보장하고 통치한다는 '**법치국가**'라 할 수 없습니다. 악한 사람이 결정 권한을 갖게 되었을 때에는 자신에게 비판적인 목소리를 억압하기 위해서 그 권한을 남용할 우려가 있기 때문입니다.

즉, 표현의 자유는 사람이 자신의 인격을 발현하고 관계를 형성하는 데 있어 가장 중요한 원초적 자유이자, 민주주의 사회를 유지하는 데 매우 중요한 원칙이기도 합니다. 함부로 제한할 수 없는 기본권인 것입니다. 또한 표현 행위가 가져오는 해악은 물리적인 것이 아니고 객관적으로 증명될 수도 없기에, 어떤 표현이 해악이 있을 것이라는 막연한 추측만으로 함부로 제한해서도 안 됩니다.

표현의 자유 제한 원칙

그렇다면 어떤 경우에 표현의 자유를 제한할 수 있을까요? 해악을 초래하는 표현 행위, 규제의 필요성이 있는 표현 행위도 분명히 있습니다. 이를

▌ 약 300명의 홍콩 사진 기자들이 리커창 중국 상무부총리 방문 기간 경호가 전례 없이 삼엄해 언론의 자유, 표현의 자유가 침해됐다며 경찰청 인근 길바닥에 카메라를 내려놓았다.

가려내기 위해 최대한 합리적이고 객관적인 표현의 자유 제한 기준을 만들어야합니다. 대표적인 원칙 두 개를 소개합니다. '명백하고 현존하는 위험의 원칙'과 '명확성의 원칙'입니다.

'명백하고 현존하는 위험의 원칙'이란, 표현의 자유를 최대한으로 보장하되, 해악(위험)의 발생이 명백하고 급박한 표현만을 규제해야 한다는 원칙입니다. 이 원칙은 국가가 방지할 필요가 있는 실질적인 해악이, 바로 그 문제가 된 '표현'으로 인해 발생할 것이라는 명백한 인과관계가 있어야 적용됩니다. 사람들 간의 자유로운 토론에 의한 해결을 기다릴 수 없을 정도로 해악의 발생이 시간상으로 근접한 경우에만 그 표현을 제한할 수 있다는 것입니다.

이 원칙을 탄생시킨 미국의 판례는 사람이 가득한 어두운 극장에서 갑자기 "불이야!"라고 소리치는 경우를 예로 들고 있습니다. 이 표현은 명백하고 현존하는 위험이 있습니다. 극장 안에 있던 사람들이 놀라서 한꺼번에 빠져

인물탐구 '명백하고 현존하는 위험의 원칙'을 탄생시킨 홈즈 대법관

올리버 웬델 홈즈(1841년 3월 8일 ~ 1935년 3월 6일)는 미국의 법학자이자 연방 대법원 대법관을 역임한 인물입니다.

홈즈 대법관은 대법관 시절 표현의 자유를 진보시키는 '반대 의견'을 많이 낸 것으로 유명합니다. 명백하고 현존하는 위험의 원칙을 비롯하여, 그의 의견은 후에 미국 연방대법원 판결 기준으로 상당수 수용되었습니다. 이 때문에 그는 '위대한 반대자(the Great Dissenter)'라는 별명이 있으며, 가장 위대한 법 사상가로 꼽히기도 합니다.

"표현의 자유는 우리가 동의하는 생각을 위한 자유가 아니라 우리가 싫어하는 생각을 위한 자유다", "진실 여부를 판단하는 최고의 방법은 사상의 자유 시장에서 그 표현이 살아남는지 보는 것이다. 일종의 실험일 수도 있겠지만, 어차피 삶이라는 것이 원래 실험이다."라는 등의 표현의 자유와 관련한 명언도 많이 남겼습니다.

나오다 다치는 등 큰 혼란이 생길 수 있기 때문입니다.

다음으로 '명확성의 원칙'이란, 표현의 자유를 제한하는 법률은 그 기준을 최대한 명확한 용어로 제시해야 한다는 원칙입니다. 불명확한 기준이 사용되면 규제할 필요가 없는 표현까지 규제 대상으로 해석될 위험이 생깁니다. 이는 표현의 자유 침해로 이어질 수 있습니다. 또한, 표현의 자유를 제한하는 데 있어 해석이 달라질 수 있는 불명확하고 추상적인 개념을 사용하면 판단자의 자의적인 해석이 남용될 여지가 크다는 위험도 있습니다. 성 소수자에 대한 편견을 가진 사람이 '사회질서를 혼란하게 하는 경우'라는 검열 기준을 갖고 있는 경우를 가정해볼까요? 아마도 그는 사회질서를 혼란스럽게 한다는 이유로 성 소수자의 발언을 막아버릴 것입니다.

집중탐구 헌법재판소가 말한 표현의 자유와 명확성 원칙

"표현의 자유를 규제하는 입법에 있어서 이러한 명확성의 원칙은 특별히 중요한 의미를 지닌다. 민주 사회에서 표현의 자유가 수행하는 역할과 기능에 비추어 볼 때, 불명확한 규범에 의한 표현의 자유의 규제는 헌법상 보호받는 표현에 대한 위축적 효과를 수반하기 때문이다. 즉, 무엇이 금지되는 표현인지가 불명확한 경우에는, 자신이 행하고자 하는 표현이 규제의 대상이 아니라는 확신이 없는 기본권 주체는-형벌 등의 불이익을 감수하고서라도 자신의 의견을 전달하고자 하는 강한 신념을 가진 경우를 제외하고-대체로 규제를 받을 것을 우려해서 표현 행위를 스스로 억제하게 될 가능성이 높은 것이다. 그렇기 때문에 표현의 자유를 규제하는 법률은 그 규제로 인해 보호되는 다른 표현에 대하여 위축적 효과가 미치지 않도록 규제되는 표현의 개념을 세밀하고 명확하게 규정할 것이 헌법적으로 요구된다."[5]

알 권리

위의 원칙을 지키지 않고 표현물을 규제한다면 어떤 부작용이 있을까요? 이 경우, 어떤 사실이나 생각을 말하고자 하는 사람(화자)의 표현의 자유가 침해당하는 것 외에, 대중이 이를 듣고 접할 권리, 즉 '알 권리'도 침해될 수 있습니다.

'알 권리'란 어떤 정보에 접근하여 이를 수집·처리할 자유를 말합니다. 사상 또는 의견의 자유로운 '표현'을 위해서는 우선 자유로운 의사가 형성되어야 합니다. 그런데 어떤 의사가 형성되기 위해서는 먼저 그에 대한 충분한 정보를 접하며 지식을 쌓을 필요가 있습니다. 관련 정보에 접근하지 못하면 문제의 내용도 제대로 알기 어렵고, 자기 의견을 형성하고 표현하는데도 어려움을 겪을 것이기 때문입니다. 따라서 알 권리는 표현의 자유와 '**표리일체의 관계**'에 있다고 합니다. 즉, 떼려야 뗄 수 없는 관계란 뜻입니다.

우리는 다른 사람의 표현물을 접함으로써 지식을 쌓습니다. 우리가 읽고 즐기는 책, 뉴스, 음악, 영화부터 인터넷 웹사이트, 커뮤니티 게시물, 댓글, 심지어 친구와의 메신저 대화까지. 우리는 이 모든 것을 통해 크고 작은 것들을 알거나 깨닫습니다. 그런데 이들이 부당하게 검열되어 삭제 및 차단된다면, 우리의 알 권리와 표현의 자유가 침해될 수밖에 없는 것입니다.

방송통신심의위원회가 '노스코리아테크(North Korea Tech)'라는 웹사이트를 차단했던 사례가 있었습니다. 노스코리아테크는 영국인 기자가 운영하는 웹사이트로 북한의 정보 통신 기술 현황을 객관적으로 분석한 자료를 제공했습니다. 북한이 인터넷을 어떻게 관리·통제하는지, 태블릿 PC 제작이나 위성 기술이 어디까지 발전했는지, 기술이 북한의 통치에 어떻게 활용되는지 등

북한에 관한 고급 정보가 많아 해외 유명 언론사가 참고하기도 했습니다.

그런데 방송통신심의위원회는 '**국가보안법**' 위반 정보를 담고 있단 이유로 노스코리아테크를 차단했습니다. 이 사이트의 다양한 정보 제공 채널 중 하나인 '**조선중앙통신**'을 인용·링크했다는 이유에서였습니다. 이 사실을 알게 된 운영자는 한국 법원에 소송을 제기했고, 법원이 방송통신심의위원회의 결정이 잘못되었다고 판결하며 차단은 풀렸습니다. 영국인 기자가 소송을 제기하지 않았다면, 대한민국 국민들만 북한에 대한 고급 정보를 얻지 못하는 상황이 되었겠지요.

인터넷상의 명예훼손성 정보를 규제하기 위해 도입한 임시조치 제도가 일반 국민의 알 권리를 심각하게 침해한다는 비판도 있습니다. 기업이나 공인이 자신에 대한 비판적 글을 없애기 위해 '명예훼손'이라는 이유로 게시물을 신고하여 차단할 수 있기 때문입니다. 병원, 레스토랑 등을 이용한 사람들의 비판적 후기, 소비자 고발, 소비자 불만 사항 등이 임시조치 제도로 인해 대량으로 차단되고 있음이 속속 드러나고 있습니다.

소비자 불만 사항은 다른 소비자의 합리적 선택을 돕습니다. 상품과 서비스를 판매하는 기업은 이를 통해 더 좋은 품질의 서비스를 제공할 수 있습니다. 사업자들끼리 발전적인 경쟁을 하도록 유도할 수도 있습니다. 무엇보다, 소비자는 사업자가 어떤 잘못을 저지르고 있는지 알 권리가 있습니다. 이는 매우 중요하게 보장되어야 할 권리입니다. 그러나 사업자들은 임시조치 제도를 이용해 인터넷상의 비판적 후기와 소비자 불만 사항을 손쉽게 없애고 있습니다.

▌노스코리아테크는 북한 ICT 이슈 즉 북한의 정보 통신 기술 현황을 다루는 전문 웹사이트다.

수술 집도 과정의 부주의, 위생 문제 등을 지적받고 직접 사과까지 한 성형외과가 있었습니다. 의료진이 수술실에서 생일 파티를 벌였기 때문입니다. 하지만 이 성형외과가 해당 사건을 언급한 인터넷 게시물을 찾아 임시조치를 하고 있다는 사실이 밝혀졌습니다.[6] 의료 서비스는 신체의 건강, 안전, 나아가 생명과 직결되는 문제입니다. 그 때문에 환자들이 병원에 대한 정보를 공유하고 파악하는 것은 매우 중요합니다. 그런데 이러한 정보가 임시조치로 삭제된다면 환자들은 자신의 질병을 치료할 병원을 선택할 때 객관적인 비교 평가를 할 수 없게 됩니다. 또한 임시조치를 통해 의료사고나 부정적 후기를 쉽게 없앨 수 있는 병원은 고객의 평가를 더는 무서워하지 않을 것입니다. 의료사고가 나지 않도록 안전에 힘쓰거나 의료 서비스를 개선하고자 하는 의지도 사라지게 되겠지요.

이렇듯 검열 조치는 말하고자 하는 개인의 표현의 자유를 제한할 뿐 아니라, 듣고자 하는 자의 알 권리 역시 제한하고, 나아가 공익을 해하는 결과로도 이어질 수 있습니다. 검열이 적정한 것인지를 평가할 때 여러 가지 측면을 고려할 필요가 있는 것입니다.

간추려 보기

- 표현의 자유는 사람이 자신의 인격을 발현하고 관계를 형성하는 데 있어 가장 중요한 원초적 자유이자, 민주주의 사회를 유지하는 데 매우 중요한 기본권이다.
- 표현 행위가 가져올 수 있는 해악은 물리적인 것이 아니고, 객관적으로 증명될 수도 없는 것이다. 때문에 어떤 표현이 해악이 있을 것이라는 막연한 추측만으로 함부로 제한해서는 안 된다.
- 표현의 자유는 명백하고 현존하는 위험이 있을 때에만 제한하여야 한다는 '명백하고 현존하는 위험의 원칙'과, 명확한 기준에 따라 제한하여야 한다는 '명확성의 원칙'에 따라 제한할 수 있다.
- 표현의 자유를 제한하는 검열 조치는 곧 국민의 알 권리도 제한하는 것이다.

3장 인터넷 검열의 기준

인터넷상 표현물을 규제하는 '인터넷 검열'은 표현의 자유 제한 원칙을 준수하고 있을까요?

우리나라의 대표적인 인터넷 검열 제도인 방송통신심의위원회의 통신 심의 제도는 '불법 정보'와 '유해 정보'를 심의하고 있습니다. 불법 정보란 '음란', '도박', '불법 식품 및 의약품', '저작권 침해', '명예훼손', '국가보안법 위반' 등의 정보와 '기타 범죄 목적 및 조장' 등의 정보를 말합니다.

최근 불법 촬영물, 디지털 성폭력물의 인터넷 유포가 큰 사회적 이슈로 떠올랐습니다. 타인의 신체나 성행위 장면을 동의 없이 촬영하거나 유포하여 개인의 인격권과 사생활의 비밀을 크게 침해한 것입니다. 이러한 표현물은, 그 내용에 대해 구체적으로 판단하지 않더라도 그 자체로 불법성이 명백하고 개인의 피해도 매우 크기 때문에, 인터넷상에서의 유통을 빠르게 차단할 필요가 있습니다.

▌ 한국여성단체연합 회원들이 10일 오후 서울 서대문구 경찰청 앞에서 경찰 편파수사 규탄 긴급 기자회견을 하고 있다. 이들은 불법 촬영물을 유포 · 방조한 웹하드는 처벌하지 않은 경찰이 인터넷 커뮤니티 워마드 운영자에 음란물 유포 방조 혐의를 적용한 것은 편파적인 수사라고 주장했다. 2018.8.10

집중탐구 디지털 성범죄물 촬영 및 유포, 얼마나 중대한 범죄일까?

디지털 성범죄는 동의 없이 상대의 신체를 촬영 및 유포, 유포 협박 등을 하여 타인의 인격권을 침해하는 행위를 말하며, 엄중한 형사처분이 규정되어 있습니다. '성폭력범죄의 처벌 등에 관한 특례법' 제14조는 "카메라나 그 밖에 이와 유사한 기능을 갖춘 기계장치를 이용하여 성적 욕망 또는 수치심을 유발할 수 있는 사람의 신체를 촬영 대상자의 의사에 반하여 촬영한 자는 7년 이하의 징역 또는 5천만 원 이하의 벌금에 처한다."

고 규정하고 있습니다.
또한 이 촬영물이나 복제물을 반포·판매·임대·제공 또는 공공연하게 전시·상영한 경우에도 같은 형으로 처벌받게 됩니다. 합의하고 촬영을 했을지라도 후에 그 촬영물을 촬영 대상자의 의사에 반하여 반포한 경우도 마찬가지입니다. 만일 이를 영리 목적으로 인터넷에 유포한 경우에는 3년 이상의 징역에 처하게 됩니다.

명예훼손성 정보의 검열

타인의 명예를 훼손할만한 구체적인 사실을 말한 경우에는 형법상 명예훼손죄로 처벌받을 수 있습니다. 명예훼손 내용을 담은 표현물 역시 불법 정보로 분류됩니다. 그런데 우리나라 명예훼손 법제는 다른 사람의 명예를 훼손할만한 사실을 말했더라도, (1) 그 사실이 진실이거나 혹은 진실이라고 믿을만한 상당한 이유가 있고, 나아가 (2) 그 사실을 말한 것이 '공공의 이익'을 위한 것이었다면 정당한 행위로 인정되어 명예훼손죄로 처벌받지 않습니다. 그 표현물 역시 불법 정보가 아닌 합법 정보가 되겠지요.

하지만 어떠한 표현의 '진실', '허위'를 구분하는 일부터, '믿을만한 상당한 이유', '공공의 이익을 위한 목적' 등을 판단하기는 매우 어렵습니다. 법을 가장 잘 아는 법관들 사이에서조차 판단이 달라질 여지가 큽니다. 그렇다면 '불법' 여부를 판단하기 모호한 정보까지 검열의 대상으로 삼아, 법원의 판단이 내려지기도 전에 일방적으로 인터넷에서 지워버릴 수 있게 하는 것이 합리적일까요?

우리나라는 '진실'한 사실을 말한 경우에도 광범위하게 명예훼손죄가 성립합니다. '공익 목적'이라면 처벌받지 않지만, '공익 목적'의 인정 여부는 모호합니다. 그 때문에 사이트 운영자들은 특정 정보가 명예훼손성 정보라고 신고되면, 일방의 주장만이라 하더라도 별다른 판단 없이 임시조치(게시중단)를 시행합니다. 추후 불법 정보를 방치했다는 책임을 떠안게 되는 것이 싫기 때문입니다. 앞서 살펴본 성형외과 사례처럼, 공익성이 인정될 수 있는 소비자 불만 게시물이 해당 사업자의 대표나 관련자의 명예를 훼손한다는 이유로 차단되고 있는 것입니다.

방송통신심의위원회가 한 블로거가 쓴 글에 대해 삭제 결정을 내렸던 사례가 있었습니다. 시멘트 제조에 산업폐기물이 사용된다는, 일명 '쓰레기 시멘트'의 유해성을 고발한 글이었습니다. 삭제 결정의 근거는 이 글이 시멘트 제조 회사에 명예훼손, 업무방해 등의 피해를 줄 수 있다는 것이었습니다.

공인에 대한 의혹 제기나 비판도 명예훼손을 이유로 차단되는 경우가 많습니다. 오세훈 전 서울시장이 서울광장의 집회를 전면 금지하겠다고 밝힌 것을 비판한 블로그 글, 시위대를 향해 거칠게 진압봉을 휘두르는 경찰 간부의 사진과 함께 경찰의 시위 과잉 진압을 비판한 글, 대형 교회 목사의 발언을 비판한 글, 일명 '스폰서 검사' 사건에 연루되어 수사를 받았던 고위급 검사들을 언급한 게시물 등이 명예훼손을 이유로 임시조치 되었습니다.

대중은 사회에 막강한 영향력을 발휘할 수 있는 공적 지위나 권력을 가진 인물을 비판할 수 있어야 합니다. 그리고 이를 위해 그들의 잘못된 행태나 의혹을 알아야 합니다. 부조리와 잘못된 행태를 비판하는 목소리가 있어야 사회가 이를 교정하고 발전해 나갈 수 있기 때문입니다. 그런데 누군가가 자신의 '명예 보호'를 이유로 이러한 표현물을 차단하고자 한다면, 대중의 알 권리가 침해될 뿐 아니라 사회 발전도 저해하는 결과를 낳을 수밖에 없겠지요.

집중탐구 우리나라의 명예훼손 법제

형법 제33장 명예에 관한 죄

제307조(명예훼손)

1. 공연히 사실을 적시하여 사람의 명예를 훼손한 자는 2년 이하의 징역이나 금고 또는 500만 원 이하의 벌금에 처한다.
2. 공연히 허위의 사실을 적시하여 사람의 명예를 훼손한 자는 5년 이하의 징역, 10년 이하의 자격정지 또는 1천만 원 이하의 벌금에 처한다.

제308조(사자의 명예훼손)

공연히 허위의 사실을 적시하여 사자의 명예를 훼손한 자는 2년 이하의 징역이나 금고 또는 500만 원 이하의 벌금에 처한다.

제309조(출판물 등에 의한 명예훼손)

1. 사람을 비방할 목적으로 신문, 잡지 또는 라디오 기타 출판물에 의하여 제307조 제1항의 죄를 범한 자는 3년 이하의 징역이나 금고 또는 700만 원 이하의 벌금에 처한다.
2. 제1항의 방법으로 제307조 제2항의 죄를 범한 자는 7년 이하의 징역, 10년 이하의 자격정지 또는 1천500만 원 이하의 벌금에 처한다.

제310조(위법성의 조각)

제307조 제1항의 행위가 진실한 사실로서 오로지 공공의 이익에 관한 때에는 처벌하지 아니한다.

정보통신망 이용촉진 및 정보보호 등에 관한 법률

제70조(벌칙)

1. 사람을 비방할 목적으로 정보통신망을 통하여 공공연하게 사실을 드러내어 다른 사람의 명예를 훼손한 자는 3년 이하의 징역 또는 3천만 원 이하의 벌금에 처한다.
2. 사람을 비방할 목적으로 정보통신망을 통하여 공공연하게 거짓의 사실을 드러내어 다른 사람의 명예를 훼손한 자는 7년 이하의 징역, 10년 이하의 자격정지 또는 5천만 원 이하의 벌금에 처한다.

'유해 정보'의 검열

살펴본 것처럼 '불법성' 여부 판단 기준은 모호합니다. 그렇다면 '불건전', '유해' 등은 어떨까요? '불법성' 여부도 모호한데, 이들을 합리적 검열의 기준으로 삼을 수 있을까요?

방송통신심의위원회의 심의 규정에는 '선량한 풍속 기타 사회질서를 현저히 해할 우려가 있는 내용', '사회적 혼란을 현저히 야기할 우려가 있는 내용'을 삭제·차단할 수 있는 규정이 있습니다. 이외에도 '과도한 욕설 등 저속한 언어 등을 사용하여 혐오감 또는 불쾌감을 주는 내용', '미신 숭배 등 비과학적인 생활 태도를 조장하거나 정당화하는 내용', '학교 교육 등 교육을 왜곡하여 현저히 교육 기풍을 해하는 내용', '외국의 정치, 종교, 문화, 사회에 대한 비방, 비하, 멸시 등 국가 간의 우의를 현저히 해할 우려가 있는 정보'도 규제할 수 있습니다. 이러한 내용이 있다고 해서 모두 유해하거나 불건전한 표현물이라고 할 수 있을까요? 그리고 어떤 표현물이 여기에 해당하여 삭제되어야 할지를 명확히 판단할 수 있을까요?

알아 두기

정보통신에 대한 심의 규정 中

제5조(국제 평화 질서 위반 등) 국제 평화, 국제 질서 및 국가 간의 우의를 현저히 해할 우려가 있는 다음 각호의 정보를 유통하여서는 아니 된다.

3. 그 밖에 외국의 정치 · 종교 · 문화 · 사회에 대한 비방 · 비하 · 멸시 등 국가 간의 우의를 현저히 해할 우려가 있는 정보

제8조(선량한 풍속 기타 사회질서 위반 등) 선량한 풍속 기타 사회질서를 현저히 해할 우려가 있는 내용의 다음 각호의 정보를 유통하여서는 아니 된다.

2. 폭력성 · 잔혹성 · 혐오성 등이 심각한 다음 각목의 정보

바. 과도한 욕설 등 저속한 언어 등을 사용하여 혐오감 또는 불쾌감을 주는 내용

사. 그 밖에 사람 또는 동물 등에 대한 육체적 · 정신적 고통 등을 사실적 · 구체적으로 표현하여 잔혹 또는 혐오감을 주는 내용

3. 사회통합 및 사회질서를 저해하는 다음 각목의 정보

나. 미신 숭배 등 비과학적인 생활 태도를 조장하거나 정당화하는 내용

다. 특정 종교, 종파 또는 종교의식을 비방, 왜곡하거나 조롱하는 내용

마. 학교 교육 등 교육을 왜곡하여 현저히 교육 기풍을 해하는 내용

카. 그 밖에 사회적 혼란을 현저히 야기할 우려가 있는 내용

5. 반인륜적 패륜적 행위 등 선량한 풍속 그 밖의 사회질서를 현저히 저해하는 정보

2014년 세월호 참사 때, 세월호의 실소유주였던 유병언 회장이 참사의 책임자로 지목되었습니다. 그는 당시 온 국민의 관심을 받았고 경찰의 추적 대상이 되었습니다. 그러나 곧 경찰은 한 달 전에 발견된 한 변사체가 유병언

회장이었다고 발표했습니다. 이후 경찰이 제시한 변사체 사진이 인터넷에 돌기 시작했고, 많은 국민이 황망해 하며 그 발표에 의혹을 제기했습니다. '사망한 지 채 20일이 안 되었다는 경찰 발표보다 부패 정도가 너무 심각하다', '상의가 말려 올라가고 다리가 곧게 펴져 있어 누군가가 시신이나 현장을 인위적으로 만진 것 같다'는 등의 분석을 내놓은 것입니다.

그런데 방송통신심의위원회에서는 이 시신 사진을 노출한 80여 개의 게시물을 '사람에 대한 육체적 고통을 사실적·구체적으로 표현하여 잔혹 또는 혐오감을 주는 내용'이라는 이유로 삭제 결정했습니다.[7] 이 정보는 과연 국민에게 '유해'한 것이었을까요? 이 정보가 주는 잔혹, 혐오감보다 사회적 이슈에 관한 국민의 알 권리 보장이 더 중요했던 것은 아닐까요?

한편, 60년대부터 80년대의 **권위주의**적 정권 시절에는 '불건전', '저속'하다는 이유로 금지곡으로 지정된 가요가 많았습니다. 〈불 꺼진 창〉, 〈미인〉은 '퇴폐적'이라는 이유로 금지되었습니다. 각각 "오늘 밤 나는 보았네, 그녀의 불 꺼진 창을, 희미한 두 사람의 그림자를", "한 번 보고 두 번 보고 자꾸만 보고 싶네"라는 가사가 포함되었기 때문입니다. 〈왜 불러〉는 "돌아서서 가는 사람을 왜 불러"라는 가사가 '반항적'이라는 이유로 금지곡으로 지정되었고요. 유명한 민중가요 〈아침 이슬〉은 "태양은 묘지 위에 붉게 타오르고" 등의 가사가 불온한 사상으로 보인다며 금지곡으로 지정되었습니다.

세계적으로 유명한 록 그룹 '퀸'의 명곡 〈보헤미안 랩소디〉도 검열을 비껴가진 못했습니다. "어머니, 제가 방금 사람을 죽였어요. 그의 머리를 향해 총을 겨누고 방아쇠를 당겼더니 죽고 말았죠."라는 도입부 가사가 '살인을 묘사'했다는 이유로 금지곡으로 지정된 것입니다. 이것만 보아도 '건전성'이라는 기준이 시대에 따라, 혹은 이를 해석하는 주체가 누구냐에 따라 얼마든지 달리질 수 있음을 알 수 있지요.

우리 헌법재판소도 사람마다 가치를 판단하는 기준이 다르기 때문에 '유해성'을 이유로 한 표현 규제는 헌법에 위배된다고 지적한 바 있습니다. 국가가 '유해성', '공공의 안녕질서', '미풍양속'과 같은 추상적인 개념을 기준으로 표현 행위 허용 여부를 결정하면, 결국 국가가 원하는 방향으로 국민의 사상이 통제되는 결과를 초래할 위험이 있다는 것입니다.

그렇다면, 유해하고 불쾌한 표현물은 어떻게 다루어져야 할까요? 최근 문제가 되고 있는 특정 집단에 대한 차별·비하를 담은 혐오 표현이나 **가짜 뉴스**와 같은 표현물은 규제할 필요가 있지 않을까요? 물론 사회적 소수자에 대한 실제적인 차별과 배제, 폭력 행위로 이어질 위험이 있는 표현, 국민의 신체나 안전에 급박한 위험을 발생시킬 수 있는 가짜 뉴스는 규제할 필요가 있는 경우도 있습니다. 그러나 비하 표현이나 허위 정보라는 이유만으로, 혹은 유해하거나 가치가 없다는 이유만으로 특정 표현물을 일방적으로 금지하는 것이 옳은 방향인지는 생각해봐야 합니다. 누가 봐도 유해해 보이는 표현물에도 일정한 사회적 가치가 있을 수 있기 때문입니다.

한 시대의 사상이나 문화는, 저마다 다른 사람들이 다양한 생각을 겉으로 표현하고 지지와 비판을 주고받으며 형성됩니다. 과격하거나 더러운 생각을 담은 표현은 그에 반대하는 다수 시민의 날카로운 비판을 받으며 자연스럽게 위축될 수 있습니다. 이 과정에서 해당 문제에 별다른 생각이 없었던 시민들이 깨달음을 얻을 수도 있겠지요. 또한, 우리는 소수자를 비하하거나 편견을 드러내는 혐오 표현을 통해 우리 사회 이면에 소수자 혐오 문화가

알아 두기

권위주의 시대의 검열, '금지곡 지정'

"1960년대 이후 한국방송윤리위원회는 방송의 영향력이 증대하자 가요자문위원회를 설치하여 음악 방송에 대한 심의를 하고 방송금지곡을 지정하였다. 한국방송윤리위원회의 첫 번째 금지곡은 조명암이 작사한 '기로의 황혼'인데, 지정 사유는 '작사가 월북'이었다. 이 시기에는 한국방송윤리위원회가 마련한 음악 방송 심의 조항에 따라 '국가의 존엄과 긍지를 손상할 우려가 있는 음악', '건전한 국민 정서의 함양과 명랑한 사회 분위기 조성을 저해할 우려가 있는 음악', '가사 또는 곡이 표절인 음악'을 금지곡으로 심의하였다."

"정부는 1975년에 「공연 활동의 정화대책」도 발표했다. 이 대책을 마련한 목적은 "국민 생활과 밀착하고 있는 모든 공연 활동을 과감하게 정화하여 건전한 국민 생활과 사회 기풍을 확립"하겠다는 것이었다."

"이때 한국공연위원회에서 채택한 가요 심의 기준은 '국가 안보와 국민 총화에 악영향을 줄 수 있는 것', '외래 풍조의 무분별한 도입과 모방', '패배 · 자학 · 비관적인 내용', '선정 · 퇴폐적인 것'이었다. 이 기준에 의거하여 한국예술문화윤리위원회는 국내에서 공연되고 있는 국내외 대중가요에 대한 대대적인 재심 작업에 착수하였다."

"방송금지곡의 금지 사유로는 작가(작곡자 및 작사자) 월북, 왜색, 표절, 창법 저속, 저속, 가사 저속, 퇴폐, 허무, 비탄, 애상, 불신감 조장, 품위 없음, 불건전, 치졸, 방송 부적 등이 적용되었다. 김추자의 〈거짓말이야〉는 저속, 송창식의 〈고래사냥〉, 박신자의 〈댄서의 순정〉, 양희은의 〈아침 이슬〉은 방송 부적, 이장희의 〈그건 너〉 는 저속, 이미자의 〈동백 아가씨〉는 왜색, 봉봉 · 상록수의 〈사랑의 스카이웨이〉는 기타(간접 선전), 이정민의 〈사랑이 외로워 울었네〉는 비탄, 조영남의 〈새야 울지마라〉는 품위 없음, 4월과 5월의 〈내가 싫어하는 여자〉는 퇴폐, 쿨 시스터즈의 〈맥시 아가씨〉는 불건전이라는 이유로 금지곡이 되었다."[8]

– 행정안전부 국가기록원. 2020. 금기와 통제 그리고 자율 中.

도사리고 있음을 깨닫습니다. 혐오 문화의 근원을 분석하여 대응 방법을 찾거나, 반박과 토론을 통해 잘못된 사상을 교정할 논증을 축적할 수도 있겠지요. 일련의 논쟁을 모두가 성숙해지는 계기로 삼을 수 있는 것입니다.

알아 두기

'불온 통신' 규제에 대한 헌법재판소의 위헌 결정

"유해성에 대한 막연한 의심이나 유해의 가능성만으로 표현물의 내용을 광범위하게 규제하는 것은 표현의 자유와 조화될 수 없다. … 대저 전체주의 사회와 달리 국가의 무류성(無謬性)을 믿지 않으며, 다원성과 가치 상대주의를 이념적 기초로 하는 민주주의 사회에서 "공공의 안녕질서"나 "미풍양속"과 같은 상대적이고 가변적인 개념을 잣대로 표현의 허용 여부를 국가가 재단하게 되면 언론과 사상의 자유 시장이 왜곡되고, 정치적, 이데올로기적으로 악용될 우려가 있다. 더욱이 집권자에 대한 비판적 표현은 "공공의 안녕질서"를 해하는 것으로 쉽게 규제될 소지도 있다. … 민주주의에서 어떤 표현이나 정보의 가치 유무, 해악성 유무를 국가가 일차적으로 재단되어서는 아니 되고 시민사회의 자기 교정기능, 사상과 의견의 경쟁 메커니즘에 맡겨야 한다."[9]

과장되거나 왜곡된 정보도 마찬가지입니다. 정보의 홍수 속에서 어느 것이 진실이고 거짓인지를 최종적으로 판단하기는 매우 어렵습니다. 하지만 우리는 어떤 사실에 대한 시민의 자유로운 토론과 논증을 통해 진실에 다가갈 수 있습니다. 즉, 거짓이라고 생각되는 것을 일방적으로 가리는 것보다, 그에 대한 반대의 논증을 찾고 제시함으로써 진실이 무엇인지를 시민 스스로 판단할 수 있도록 하는 것이 중요합니다. 누군가의 일방적인 지정과 통제에

지구가 태양 주위를 돌고 있다는 '지동설'은 당시에 가짜 뉴스였다.

의해서가 아니라, 사회 구성원의 선택을 받아 자리 잡은 진리가 사회를 더욱 굳건하게 지탱할 수 있기 때문입니다. 우리의 몸이 세균에 조금씩 노출되며 면역력을 강화하는 것과 마찬가지라 할 수 있겠네요.

인터넷 콘텐츠, 누구나 올리고 누구나 본다

'인터넷 방송'으로 불리는 인터넷상의 동영상 콘텐츠를 'TV 방송'과 같은 수준으로 엄격히 규제할 필요가 있다는 목소리가 큽니다. 인터넷에 올려 불특정 다수의 사람이 볼 수 있도록 공개된 표현물이 방송과 다름없다고 보는 것입니다. 실제로 오늘날 인터넷 동영상 콘텐츠의 영향력은 막강합니다. 많은 사람이 TV 대신 인터넷으로 콘텐츠를 접하고 진행자 역시 연예인 못지않은 인기를 누립니다. 글과 문자로만 이루어진 표현물이 제공하기 어려운 시·청

각적 자극을 줄 수 있는 것도 동영상 콘텐츠의 인기 이유 중 하나입니다.

그러나 인터넷과 방송은 근본적으로 다른 매체이기 때문에 인터넷상 표현물에 방송 수준의 엄격한 기준을 적용할 수 없다는 의견도 있습니다. 인터넷상에는 누구나 콘텐츠(표현물)를 올릴 수 있습니다. 우리가 SNS에 짧은 실시간 영상을 공유하는 것처럼 말입니다. 즉, 인터넷상 표현물은 기본적으로 일반 국민의 표현물입니다. 일반인이 만든 콘텐츠를, 국가로부터 특수한 권리와 지위를 부여받은 방송사업자가 만든 콘텐츠와 똑같이 취급할 수 있을까요?

TV나 라디오를 생각해봅시다. 이 매체는 방송사업자가 직접 편성한 콘텐츠를 시청자에게 실시간으로, 한 방향으로 전달하는 방식이기 때문에 보다 엄격한 규제가 필요합니다. 그러나 인터넷은 이용자들이 보고 싶은 동영상을 능동적으로 검색하고, 채팅을 주고받으며, 댓글을 다는 쌍방향 소통 매체입니다. 인터넷이 방송과는 근본적으로 다른 이유입니다.

아동·청소년이 쉽게 접근할 수 있기 때문에 인터넷을 강력하게 규제해야 한다는 목소리도 높습니다. 분명 신체적, 정신적 발달단계에 있는 아동·청소년의 정서에 악영향을 끼칠 수 있는 유해한 콘텐츠, 즉 청소년 유해 정보로부터 아동·청소년을 보호할 필요는 있습니다. 그러나 이 경우에도, 규제 방식은 아동·청소년의 접근만 최소화하는 조치여야 합니다. 성인도 청소년 유해 정보를 담은 표현물을 볼 수 없게 한다면, 성인의 표현의 자유와 알 권리가 아동·청소년 수준으로 강제되는 결과를 초래할 것이기 때문입니다.

물론 인터넷을 통한 불법 정보의 유포, 선정적·자극적 콘텐츠의 범람, 인터넷상 아동·청소년 보호 문제는 우리 사회가 해결해야 할 문제입니다. 그러나 인터넷 검열이나 강제 규제 강화가 그 문제를 해결하는 옳은 방법인지는 생각해볼 필요가 있습니다. 오늘날에는 많은 표현 행위와 대화가 인터넷을 통해 이루어집니다. 인터넷의 건전성 확립을 이유로 누군가가 인터넷에 올라온 콘텐츠를 하나하나 검사하고 바른말, 고운 말만 허용한다면 어떨까요? 아동·청소년 보호를 위해 인터넷에 접속할 때마다 본인인증을 해야 한다면, 사용자가 어떤 콘텐츠를 봤는지 모두 기록하고 추적한다면 어떨까요? 인터넷상의 자유로운 소통 문화가 크게 경직·위축되지 않을까요?

간추려 보기

- 불법성이 명백하고 개인에게 큰 피해를 끼치는 정보는 인터넷에서 차단할 필요가 있다. 하지만 불법 여부가 불분명한 정보까지 검열하고 금지하는 것은 표현의 자유와 알 권리를 침해하는 결과로 이어질 수 있다.
- '유해성'과 같이 추상적이고 불명확한 기준으로 표현물을 규제하는 것은 표현의 자유를 침해할 위험이 높다. 따라서 시민사회의 자율적 대응과 자정으로 이를 해결하는 것이 바람직하다.
- 인터넷은 일반 국민의 표현 및 소통 창구이기에 사회적 영향력이나 청소년 보호를 이유로 검열이나 규제를 강화하는 것은 국민의 자유로운 소통 문화를 위축시킬 위험이 있다.

4장 인터넷 검열의 주체와 방식

▌ 2018년 세계 인터넷 검열 현황

검열의 기준 만큼이나 검열의 주체와 방식도 중요합니다. 이 장에서는 검열의 주체와 방식의 문제를 살펴볼 것입니다.

국가 검열이라는 위험

인터넷 서비스를 제공하는 사업자는 웹사이트 내 유통되는 정보에 문제가 있다고 판단하면 삭제 등의 조처를 하는 '자율규제'를 할 수 있습니다. 그러나 도박 사이트처럼 웹사이트 자체가 불법인 경우에는 제대로 된 자율규제를 기대할 수 없겠지요. 사실 이는 일반적인 웹사이트도 마찬가지입니다. 사업자의 목적은 이윤 창출입니다. 자극적이고 선정적인 콘텐츠가 돈이 된다면 굳이 이를 규제하고 싶지 않을 수도 있는 것입니다. 이런 이유로, 인터넷 사업자의 자율적인 규제만 믿어서는 안 된다는 주장이 생깁니다. 불법·유해 정보의 폐해로부터 국민을 제대로 보호하기 위해 강제력을 지닌 국가의 공적 규제가 필요하다는 것이지요.

그러나 국가기관이 강제력을 갖고 국민의 표현물을 검열하는 경우, 국가가 비판적인 목소리를 억압하는 도구로 검열을 남용할 위험이 있습니다. 국가원수나 고위공직자를 비판하는 내용을 담은 글을 '명예훼손'으로 규제하거나, 정부가 추진하는 정책이나 사업에 의혹을 제기하는 글을 '사회질서 혼란' 등을 이유로 삭제할 수 있는 것입니다.

방송통신심의위원회가 '2mb18noma'라는 트위터 계정을 '과도한 욕설 및 저속한 언어'를 사용했다는 이유로 접속차단 결정한 사례가 있었습니다. '2mb'는 이명박 전 대통령에게 비판적인 국민들이 그에게 붙여준 별명이었고, '18noma'는 욕설로 읽힐 수 있는 숫자와 알파벳의 조합입니다. 이 접속차단 결정은 많은 비판을 받았습니다. 해당 계정은 직접적인 욕설도 아닌데다가, 이를 의도하였다 하더라도 접속차단 결정에는 비판자를 억압하려는 정치적 의도가 담겨있다고 볼 여지가 있었기 때문입니다.

미국의 고고도 미사일방어체계인 사드(THAAD)가 방출하는 전자파의 유해성을 비판한 게시물이 삭제 결정된 적도 있었습니다. 정부가 사드를 한국에 배치하기로 한 즈음이었습니다. '사회질서 혼란' 심의 규정 위반이 이유였습니다. 해당 게시물이 사드 전자파의 유해성을 과장·왜곡하는 일종의 '가짜 뉴스'로, 정부 정책에 대한 불신을 가중하고 사회를 혼란스럽게 한다는 것입니다.

민주주의를 억압하는 권위주의 정부일수록 국민의 표현물에 강력한 검열을 시행한다는 것은 국제적으로도 자명한 사실입니다. 중국 정부는 강력한 인터넷 검열 시스템을 시행하여 반정부적인 정보를 통제하고 있는 것으로 알려져 있습니다. 중국에서는 '만세', '종신', '황제' 등 장기 집권을 비판하는 데 사용될 수 있는 단어, '천안문' 등 중국 정부의 민주주의 억압을 상기시키는 단어, 티베트, 대만, 홍콩의 외교 이슈와 연관된 단어가 인터넷 금지어로 지정되어 있습니다. 해외 사이트 접속도 수시로 차단됩니다.[11] 중국의 대대적인 검열 시스템은 '만리장성(Great Wall)'을 떠올린다고 하여 '만리방화벽(Great Firewall)'이라 불리기도 합니다. 이 검열 시스템 역시 공식적으로는 유해 정보로부터 자국민을 보호한다거나 사회 안정 유지 등의 명분으로 만들어졌습니다.[12]

2020년 2월에는 중국의 인터넷 검열로 인해 전 세계가 떠들썩했습니다. 신종 코로나 바이러스 감염증 확산을 경고했다가 괴담 유포자로 몰려 처벌받았던 의사 리원량이 사망한 사건 때문입니다. 중국 검열 당국은 인터넷에 올라온 리원량 추모글과 언론의 자유를 외치는 글을 모두 검열했고, 이에 전 세계적인 비판을 받은 것입니다.[13]

▌ 중국은 '황금방패'라는 인터넷 검열 시스템을 운영하고 있다. 국제 인권 감시 단체 프리덤하우스가 발간한 '2018 인터넷 자유 지수' 보고서에 따르면 말레이시아와 파키스탄, 싱가포르 등 18개국이 지능형 감시 시스템과 안면 인식 기술 등을 중국으로부터 전수하였다.

러시아는 유해 정보를 제공한다고 판단되는 웹사이트의 블랙리스트를 만들어 접속을 제한하고 운영자를 처벌합니다. 최근에는 러시아 내 인터넷 정보가 해외 서버를 경유하는 것을 금지하고, 인터넷 서비스 사업자가 모든 정보 이동에 대해 인터넷 검열 기관의 감독과 통제를 받도록 하는 내용의 법안이 시행될 것으로 알려졌습니다.[14]

2019년 말 인도에서는 무슬림을 제외한 힌두교, 불교, 기독교 등 5개 종교를 믿는 이민자들에게만 시민권을 부여하기로 한 시민권법 개정이 있었습니다. 무슬림은 종교에 따른 차별적 조치에 분노했고, 대대적인 시위를 벌였습니다. 이에 인도 정부는 주요 시위 지역인 뉴델리와 무슬림이 다수 거주하는 일부 지역의 인터넷 접속을 제한했습니다. 인도는 2018년 말, 메신저 앱인 왓츠앱(WhatsApp)에 특정 내용이 담긴 메시지를 추적하고, 전송을 중지할 수 있는 기능을 요청한 것으로도 알려졌습니다. 왓츠앱에 유통되는 잘못된 정보가 반정부 폭력 사태를 가중하는 원인이라는 것이 그 이유였습니다.[15]

그 밖에도 반정부 시위가 지속되는 중동, 아프리카, 아시아 일부 국가가 정부 비판 목소리를 잠재우기 위해 각종 인터넷 검열을 시행하고 있습니다. 이집트에서는 미국의 온라인 매체 허핑턴포스트와 국제인권단체 휴먼라이트워치(Human Rights Watch), 자국의 독립뉴스 매체 웹사이트 접속이 차단되었습니다. 당시 이집트 의회는 이른바 '유해' 사이트의 봉쇄 권한을 정부가 가지도록 하는 온라인 검열 강화 법안을 통과시킨 상태였습니다.

터키는 쿠데타 등 정치적 혼란기에 위키피디아를 비롯한 10만 개 이상의 웹사이트를 차단한 것으로 알려졌고, 사우디아라비아 역시 2017년 국익을 저해한다는 이유로 인접한 경쟁국인 카타르와 이란의 뉴스 사이트 접근을 차단했습니다. 이에 인터넷 권리 단체들은 권위주의적 정부가 정치적인 목적으로 인터넷을 감시·검열하고, 인터넷 접속을 차단해버리거나 속도를 늦추고 있다고 경고하고 있습니다.[16]

정치적인 목적의 검열 남용 외에도, 국가가 표현물을 검열하여 국민의 사상을 형성하려 드는 행위 자체를 비판적으로 바라볼 필요가 있습니다. 앞서 언급했듯이 사회의 사상이나 문화는 국민 개개인의 생각이 모여 스스로 형성됩니다. 이 과정에 국가가 강제력을 가지고 개입해서는 안 됩니다. 개인의 자유와 다양성을 무시·억압하고 국가가 정한 방향으로 국민을 통제하는 **전체주의**로 흐를 위험이 존재하기 때문입니다.

불건전하거나 유해한 사상과 문화 혹은 부정확한 정보 역시 시민 간의 토론으로 자정해나가야 합니다. 시민사회는 이러한 과정과 훈련을 통해 스스로 성장해나가기 때문입니다. 국가권력이 표현물을 검열하여 국민이 볼 것과 안 볼 것을 먼저 정해버리는 행위는 국민이 성장할 기회와 스스로 생각해볼 기회를 빼앗는 결과를 초래할 수 있습니다.

알아 두기

조지 오웰의 '1984'와 빅 브러더

《1984》는 1949년 출판된 조지 오웰의 소설로, 국가권력이 감시 · 검열로 개인의 자유를 억압하고 통제하는 전체주의의 위험성을 꼬집은 소설입니다.
가상의 국가인 '오세아니아'를 통치하는 당은, '빅 브러더'라는 허구의 절대적 통치자를 내세워 온 국민이 그에게 충성하도록 세뇌합니다. 오세아니아는 보도

와 교육을 관장하는 '진리부'를 앞세워 모든 정보를 통제 · 조작하여 사상을 통제합니다. 한편, '텔레스크린'을 통해서는 국민들의 활동을 24시간 감시하고, 반역 행위를 찾아내 사전에 말살합니다.
출간 당시에는 주로 소련의 전체주의를 비판하는 소설로 해석되었습니다. 하지만 현대사회의 기술이 발전하고, 이를 이용한 '감시사회'가 출현할 위험성이 대두하면서 시대를 뛰어넘는 고전으로 자리 잡았습니다.[17]

국가가 마치 부모님이나 선생님처럼 국민을 훈육과 보호의 대상으로 보고, 국민은 국가에 의존하는 경향을 '국가 후견주의'라고 합니다. 부모의 과잉보호나 획일적인 교육 아래서 성장한 개인은 스스로 문제를 해결하지 못하는 미성숙한 존재가 되기 쉽습니다. 국민도 마찬가지입니다. 국민은 지나친 국가의 후원이나 개입, 국가권력에 대한 의존을 경계할 필요가 있습니다.

국가기관이 표현물의 '불법성'을 판단하는 것도 문제입니다. 국민의 행위에 대한 '불법' 여부를 판단하는 것은 원칙적으로 **사법부**가 해야 하는 일입니다. 법에 대한 전문지식을 가진 법관이 국가권력으로부터 독립되어 양심에 따라 법을 적용하도록 하는 것이 사법부의 역할입니다. 사법부에 더욱더 객관적이고 공정한 법적 판단을 기대할 수 있는 이유입니다. 사법부는 인터넷 표현물의 불법성을 판단할 때에도, 전체적인 표현의 맥락과 문제가 된 표현의 비중 등을 고려하여 표현의 자유와 충돌하는지의 여부를 더욱 신중히 비교할 수 있습니다.

그러나 국가 행정기관이 '규제 기관'으로 지정되어 검열 권한을 갖게 되면, '규제'에 더 큰 중점을 둘 가능성이 높습니다. 규제하라고 만든 기관인데, 문제가 있는 정보가 방치될 경우 규제 기관으로서 역할을 다하지 못하고 있다는 비난을 들을 수 있기 때문입니다.

인터넷 검열의 원칙

당신은 여느 때와 다름없이 귀가하고 있습니다. 그런데 갑자기 경찰이 길을 막고 어디로 가는 길인지 주소를 대라고 합니다. 당신이 당황하며 집 주소를 말하자, 경찰은 그제야 당신을 보내주겠다고 합니다. 근처에 미성년자에게 불법으로 술을 판매한다는 신고가 들어온 가게가 있는데, 당신이 그곳으로 향할까 봐 그 가게로 향하는 모든 학생을 검문 중이라고 말하면서요.

그런데 마침 옆에 있던 친구는 바로 그 가게에 좋아하는 간식을 사러 가는 길이었습니다. 그러자 경찰은 이 길을 지나갈 수 없다고 막아버렸습니다. 결국 친구는 다른 길로 멀리 돌아 그 가게에서 간식을 샀습니다. 여러분이 이 상황에 부닥쳤다면, '불법행위를 한 건 가게 주인인데, 왜 내 집 주소와 행선지를 일일이 검사받아야 하는 거지?'라고 생각하지 않을까요?

어떤 제도가 헌법적으로 정당한 것인지를 판단할 때, '비례의 원칙'을 지켰는지를 따져야 합니다. 비례의 원칙은, 어떤 제도의 목적을 달성하기 위해 채택한 수단(방식)이 목적 달성에 필요한 최소한의 정도여야 하고 과도해서는 안 된다는 원칙입니다. 더 구체적으로 설명하면, 그 제도의 목적이 정당해야 하고(목적의 정당성), 채택한 수단이 목적을 달성할 수 있어야 합니다(수단의 적정성). 더불어 그 목적을 달성할 수 있는 여러 수단 중에서 다른 기본권을 침해하는 정도가 가장 작아야 하며(침해의 최소성), 그 제도를 시행함으로써 얻을 수 있는 법적 이익이 그 제도의 시행으로 침해되는 법적 이익보다 커야 합니다(법익의 균형성).

인터넷 검열의 목적은 '불법·유해한 정보의 무분별한 유통으로 인한 폐해를 줄이는 것'입니다. 이는 정당한 목적입니다. 그러나 인터넷 검열을 위해 채택한 방식이 효용은 거의 없고, 표현의 자유와 알 권리를 침해하기만 한다면 다른 방식을 찾아야 합니다. 이 방식이 헌법상 비례의 원칙을 위반하기 때문입니다. 이를테면, 불법 정보의 유통을 막는다는 목적으로 모든 국민의 메신저 대화를 검열·감청할 수는 없는 것이지요.

웹사이트에 대한 접속을 차단하는 조치는 어떨까요? 우리가 인터넷에 접속하면 통신사에 신호가 전송됩니다. 접속차단은 이 신호를 읽고, 인터넷 이용자가 불법 사이트에 접속하는 경우 연결을 자동 차단하는 조치입니다. 통신사 망을 통해 불법 사이트로 가는 길목을 차단하는 것입니다. 위에서 예로 든 사례처럼, 문제의 가게를 직접 규제하지 않고 이용자의 행태를 감시하고 통제하는 방식이지요.

하지만 특정 도로가 차단되어도 다른 길로 돌아갈 수 있듯이, 국경 없는 인터넷 세상에서 불법 사이트 우회 접속 경로는 매우 많습니다. 이 때문에 웹사이트 접속차단은 실효성은 낮은 반면, 일반 국민의 자유와 사생활은 과하게 제약하는 조치라는 비판을 받습니다.

웹사이트 전체를 불법 정보로 보고 규제하는 것 역시 신중히 판단해야 합니다. 웹사이트에는 다양한 메뉴, 콘텐츠, 게시물, 댓글 등이 담겨있습니다. 즉, 웹사이트는 여러 정보의 집합체입니다. 그런데 일부 불법 정보가 있다는 이유로 웹사이트 전체를 차단해버리면, 그 안에 있는 합법한 정보들까지 모두 다 차단되는 '과검열'이 초래됩니다. 타인의 명예를 훼손하거나 저작권을 침해하는 게시물이 올라왔다는 이유로 우리가 애용하는 커뮤니티 사이트가 차단된다면 너무 억울하지 않을까요?

우리 사회에서 범죄와 불법행위가 끊이지 않듯, 인터넷에도 불법 정보가 늘 존재합니다. 불법 정보를 근절한다는 목적을 절대시하여 온라인 활동에 대한 감시를 강화하는 조치가 정당화될 수 없는 이유입니다.

간추려 보기

- 민주주의 사회에서 국가가 검열 주체가 되는 것은 지양되어야 한다. 국가가 국민의 여론과 사상을 통제하기 위해 검열 제도를 정치적으로 남용할 수 있기 때문이다.
- 인터넷 검열 방식이 헌법상의 '비례의 원칙'에 부합하는지 늘 신중하게 검토해야 한다.

위협받는
〈아이치트리엔날레 2019〉

5장 인터넷 검열, 대안은 없을까?

▌ 토론회 참석한 평화의 소녀상 제작자 김운성 작가.
22일 오후 서울 중구 정동 프란치스코 교육회관에서 열린 '위협받는 예술, 위기의 민주주의-아이치 트리엔날레 2019 검열사태를 중심으로' 토론회에서 평화의 소녀상 제작자 김운성 작가(오른쪽)가 참석하고 있다. 일본 아이치현에서 열린 국제예술제 '아이치 트리엔날레 2019 조직위'는 김운성 · 김서경 작가의 '평화의 소녀상'을 포함한 기획전 '표현의 부자유전, 그 후' 전시가 중단했다. 2019.8.22

인터넷 검열의 적정선?

인터넷 검열의 적정선은 어디일까요? 인터넷의 순기능을 잃지 않고, 표현의 자유와 알 권리를 최대한 보장하면서도, 인터넷이 불법행위의 장이 되지 않도록 하는 방법은 없을까요?

우선, 인터넷 검열은 표현의 자유와 알 권리라는 중요한 기본권을 제한하는 조치이기에 그 기준이 모호해서는 안 됩니다. 사람마다 판단이 다를 수 있는 상대적이고 추상적인 기준으로 함부로 표현을 금지해 버린다면, 판단하는 사람이 자신에게 유리한 방향으로 결정권을 남용할 위험이 있습니다. 그뿐만 아니라, 검열을 당한 사람은 부당하게 자신의 목소리를 억압당했다는 불만을 품을 수밖에 없겠지요. 따라서 '유해', '불건전', '저속', '선량한 풍속 위반', '사회질서 위반'과 같이 불명확하고 가치 상대적인 개념을 검열 기준으로 삼는 것은 지양되어야 합니다. 최종적인 법적 판단이 매우 어려운 '명예훼손'을 기준으로 검열하는 것도 마찬가지입니다. 공인이나 사업자에 대한 비판과 의혹 제기를 억압하고, 사회 발전을 가로막을 수 있다는 부작용이 크기 때문입니다.

불법성이 명백하고 해악이 중대한 정보에 대해서는 법적 강제성을 가진 검열이 필요할 수 있습니다. 그러나 이 경우에도 국가 행정기관이 아니라, 되도록 '법원'의 판단에 따르는 것이 바람직할 것입니다. 국가 행정기관이 판단할 경우 정치적 남용의 위험성이 있고, '불법' 판단에 있어서 법원보다 전문성이 떨어지며, '규제'에 방점을 두고 사안에 접근할 가능성이 높기 때문입니다.

정부가 표현물의 규제자를 자임하는 행위는 최대한 지양해야 한다는 것이 보편적인 국제인권기준입니다. 이런 이유로 유엔에서는 한국 정부에 방송통신심의위원회의 인터넷 심의 제도를 폐지하고, 이를 민간 자율기구에 맡기라는 의견을 내기도 했습니다.

불법 정보로 인한 피해에 신속히 대응하기 위해 규제 기관의 빠른 차단이 필요하다는 의견도 있습니다. 인터넷의 빠른 전파성과 파급력을 고려했을 때, 마냥 법원의 판단을 기다릴 수 없다는 것입니다. 피해자가 있는 아동·청소년이용 음란물이나 디지털 성폭력물과 같이 불법성이 명백하면서 피해가 매우 큰 표현물, 혹은 마약 거래나 금융 사기 사이트처럼 국민의 신체·재산에 급박한 위험을 초래할 수 있는 정보 등이 여기에 해당합니다. 하지만 이 경우에도 어떤 정보를 법원의 판단 없이 차단할 것인가에 대한 명확하고 합리적인 기준이 필요합니다. 청소년에게만 유해한 표현물은 청소년 유해 정보로 표시하여 경고하거나 청소년 접근 차단 조치를 취하는 방법을 강구할 수 있는 것입니다.

사이트 운영자(인터넷 서비스 제공자)가 주체가 되어 자율적인 규제를 할 수도 있습니다. 실제로, 인터넷 서비스 사업자들은 이용자의 문제 제기와 요구에 부응하기 위해 불법·유해 정보로 신고된 콘텐츠를 차단하거나 불법적 이용자의 계정 활동을 중단하는 등 일정한 자율규제를 하고 있습니다. 운영자가 자율규제를 잘 시행해 해당 사이트가 유익한 공간으로 거듭나면, 건전한 인터넷 공간을 원하는 이용자가 모이기도 합니다.

하지만 이 경우, 운영자의 자의적인 판단에 따라 검열이 남용될 우려를 배제할 수 없습니다. 예를 들어, 운영자가 어떤 업체나 권력자로부터 돈을 받고 그들에 대한 비판적 글을 지울 가능성도 있습니다. 이처럼 중대한 비리가 아니더라도, 잘못된 판단이나 기계적 오류에 의해 이용자의 표현물이 부당하게 삭제되는 결과가 생길 수도 있습니다. 따라서 운영자는 이용자에게 규제 기준과 사유를 최대한 투명하고 구체적으로 고지해야 합니다. 또한 게시물 삭제 및 제한에 이의가 있는 이용자가 있으면, 운영자가 이를 반영하고 재검토할 수 있는 소통 창구가 잘 운영되어야 할 것입니다.

결국, 물리적 제약이 없는 인터넷의 특성상, 정보의 '삭제·차단'은 불법 정보를 근절하는 근본적인 해결책이 될 수 없습니다. 앞서 언급했듯 특정 사이트의 접속을 차단하는 조치는 이용자들이 우회할 다른 경로가 많아서 실효성이 거의 없습니다. 불법 정보를 인터넷에서 제거하는 방법도 완전하지 않습니다. 인터넷상의 정보는 무한정으로 복제되고 재생산되는 특성이 있기 때문입니다. 즉 정보가 삭제되더라도 복사 후 다른 공간에 게시하면 되고, 사이트가 폐쇄된다고 하더라도 주소만 바꿔 얼마든지 새로 만들 수 있습니다. 실제로 차단·폐쇄된 불법 사이트 대부분이 주소만 조금씩 바꿔 다시 운영되고 있는 것으로 알려져 있습니다.

문제는 정보가 아니라 이를 만들고 유포하는 '사람'입니다. 사람에 대한 제재가 이루어지지 않으면 근본적인 해결은 이루어질 수 없습니다. 인터넷은 기술로 이루어진 공간일 뿐이며, 그 안의 정보는 인간 행위의 결과물입니다. 따라서 더 근본적인 해결을 위해서는, 정보의 제거와 더불어 불법 정보를 만들고 유포한 사람을 엄정히 처벌할 필요가 있습니다. 불법 정보를 유포하려는 사람들이 형사처분을 두려워하여 해당 행위를 억제할 수 있도록 말입니다. 사전에 불법 정보 유포를 최대한으로 예방하는 것입니다.

해외의 인터넷 검열

세계 각국은 다양한 방식으로 인터넷 검열을 시행하고 있습니다. 하지만 우리나라처럼 '행정기관'이 정보의 삭제·차단을 광범위하게 결정하는 국가는 드뭅니다. 미국의 경우, 불법 정보를 게시한 사람을 처벌하고 해당 웹사이트를 폐쇄하는 방식을 취합니다. 영국 등 일부 유럽 국가에도 웹사이트 차단 제도가 있습니다. 하지만 이 역시 '저작권 침해' 혹은 '아동 이용 음란물' 등 불법성이 명백한 정보에 한정해 이루어집니다. 불법성 판단도 행정기관이 아닌 '법원'이 합니다.

해외 주요 국가 중 불법성 판단이 모호한 '명예훼손', 불명확한 기준인 '유해성' 등을 기준으로 표현물을 검열하는 나라는 찾기 어렵습니다. 우리나라의 인터넷 검열이 타국과 비교해 광범위하고 강력하게 이루어진다고 볼 수 있는 것입니다. 미국의 국제인권감시단체 '프리덤 하우스(Freedom House)'가 발간한 '2018 인터넷 자유 지수'보고서는 우리나라를 인도, 튀니지, 멕시코, 말레이시아 등과 함께 '부분적 자유국'으로 분류해 놓기도 했습니다.

인터넷 검열, 대안은 없을까?

검열 외에 인터넷을 더 나은 공간으로 만들 수 있는 대안은 없을까요? 문제는 인터넷이 아닌 '사람'입니다. 오프라인이 그러하듯이, 우리의 인식과 문화가 곧 인터넷 공간에 반영됩니다. 검열과 규제로 문제 있는 정보를 계속 삭제한다고 해도, 누군가 같은 정보를 끊임없이 재생산한다면, 인터넷을 건전하게 만든다는 목표는 달성 불가능할 것입니다.

그렇다면 우리의 인식과 문화를 발전시키기 위해 어떤 일을 할 수 있을까요? 혐오 표현과 인격 모독에 상처받은 소수자에게 공감할 수 있는 능력, 타인의 잘못된 행위나 표현을 비판하고 바로잡을 수 있는 대항 표현 능력, 건설적이고 논리적인 토론 능력, 해로운 정보와 신뢰할 만한 정보를 가려내는 능력, 불법 정보가 사회에 끼치는 해악을 인식하고 비판할 수 있는 능력을 기르기 위해 **미디어 리터러시**(Media Literacy) 교육을 강화하는 건 어떨까요?

▌ 2019 미디어 · 정보 리터러시 국제콘퍼런스

프랑스는 미디어 리터러시 교육에 힘쓰고 있는 나라로 손꼽힙니다. 프랑스에는 미디어에 대한 비판적 이해 능력을 기르는 것을 주목적으로 하는 국립 미디어 교육센터 클레미(CLEMI)가 있습니다. 클레미에서는 청소년들이 뉴스가 어떻게 만들어지는지 이해할 수 있도록 직접 미디어를 제작해보는 활동을 진행합니다. 정보 출처 검증법, 광고성 정보 구분법, **팩트 체크** 등을 통해 정보의 신뢰성에 문제를 제기하는 방법도 교육하고요.

정부와 언론사가 함께 만든 교육 자료도 있습니다. 여기에는 SNS에서 정보를 공유하기 전에 정보의 진위를 확인하는 방법, 특정 사이트가 신뢰할만한지 판단하는 방법, SNS상의 루머 검증 방법, 여론 조사 독해 방법, 음모론을 제기하는 영상을 구별하는 방법 등이 담겨 있습니다. 또한, 프랑스 교육부는 정보 사회에 걸맞은 미래 시민 양성을 목적으로 '책임 있는 인터넷'이라는 사이트도 운영합니다. '표현의 자유 누리기', '초상권과 사생활 존중하기', '각자의 존엄성 존중하기', '디지털 정체성' 등 인터넷 커뮤니케이션 전반에 필요한 교육 자료를 제공한다고 합니다.[18]

핀란드에서도 정부와 시민단체가 협력하여 청소년 미디어 교육을 진행합니다. 인종차별적인 내용이 담긴 **페이크 다큐**나 가짜 뉴스를 보여준 후, 문제점을 추적하고 토론하는 방식의 교육이 이뤄진다고 합니다. 캐나다의 미디어 리터러시 교육센터인 '미디어 스마트(media smart)'에서는 온라인 콘텐츠의 진위 검증 방법, 광고성 정보 구분하기 등의 교육을 제공합니다. 또한, 온라인 커뮤니케이션이 타인에게 피해를 줄 수 있음을 강조하는 애니메이션이나 게임을 제작하여 배포하기도 하죠.

미디어 리터러시 교육은 '좋은 말', '유익한 정보'만을 제공하는 추상적인 교육이 아닙니다. 미디어 리터러시 교육은 '나쁜 표현', '나쁜 정보'가 나와 타인에게 주는 피해를 인식하게 하고, 이를 가려내도록 하는 '비판적인 이해'에 중점을 둡니다.

최근 많은 논란이 되는 가짜 뉴스 문제는 어떨까요? 이 경우, 대형 인터넷 서비스 사업자들이 주요 언론사와 함께 팩트 체크를 하고, 그 결과를 인터넷 서비스에 반영하는 방식이 시도되고 있습니다. 독일에는 페이스북과 대안 언론사가 논란이 되는 뉴스를 함께 검증하는 시스템이 있습니다. 논란의 여지가 있으면 삭제하는 대신 'disputed(논란의 여지가 있음)' 문구를 표시하지요. 프랑스에서는 주요 언론사들이 힘을 합쳐 '크로스체크(Cross Check)'라는 팩트 체크 프로젝트를 출범시켰습니다. 주요 언론사들이 팩트 체크를 하고, 그 결과를 구글이 검색 알고리즘에 반영하는 방식입니다.

시민사회가 적극적으로 소비자운동을 추진할 수도 있습니다. 인터넷 건전성을 높이기 위해 노력하는 인터넷 서비스를 많이 이용하고, 그렇지 않은 서비스는 거부·비판하는 것입니다. 하지만 현실적인 이유에서 이러한 소비자운동이 힘을 얻기는 어렵습니다. 소수의 미디어와 인터넷 서비스가 시장을 독점하는 구조에서 소비자가 선택권을 행사하기는 불가능하기 때문입니다.

따라서 다양한 미디어와 인터넷 서비스가 새로이 등장하고 성장하여 서로 견제할 수 있는 환경이 마련되어야 합니다. 웹서비스가 많을수록, 시민들의 정보와 사상이 소수의 권력에 의해 통제될 위험은 낮아집니다. 양질의 정보가 선택될 확률도 높아지고요. 국가는 부정적인 요소를 '금지'하려고만 해서는 안 됩니다. 양질의 소통이 자유롭게 이뤄질 수 있는 환경을 '진흥'·'장려'하는 역할과 정책을 고민해야 합니다.

결국 인터넷 세상을 만드는 것은 '우리'입니다. 시민사회와 개별 사회 구성원이 자정 능력을 키우고, 교육을 통해 미디어 인식과 문화를 개선해야 합니다. 국가는 이를 조력해야 하고요. 이러한 역할 분담이 장기적으로 건전한 인터넷 세상을 만드는 데 가장 중요한 일일 것입니다.

간추려 보기

- 명백한 불법 정보에 대해서는 삭제와 더불어 유포자를 형사처분하여 근본적인 해결을 도모해야 한다. 결국 인터넷을 이용하는 것은 '사람'이기 때문이다.
- 건전한 인터넷 소통 문화를 위해서는 미디어 리터러시 교육 등 시민사회 스스로 자정 능력을 함양할 수 있는 검열 외의 대안을 적극적으로 모색하여야 한다.

용어 설명

가짜 뉴스 거짓 정보를 실제 뉴스처럼 가공한 것을 일컫는다. 전 세계적으로 심각한 문제가 되고 있으며, 가짜 뉴스의 폐해를 막기 위해 여러 언론사가 팩트체크를 진행하고 있다.

국가보안법 국가의 안전을 위태롭게 하는 '반국가활동'을 규제하기 위해 제정된 법이다. 하지만 국가에 대한 비판적 목소리를 억압하는 데 활용된 경우가 많아 오랫동안 개정 및 폐지 운동이 있어 왔다.

권위주의 국가 소수 엘리트의 이해관계에 따라 운영되는 비민주적인 국가를 의미한다. 권위주의 국가는 경찰이나 군대를 동원해 대다수 국민의 자유와 민주적 요구를 억압한다.

기본권 헌법이 보장하는 국민의 기본적 권리를 뜻한다. 일반 규정인 인간의 존엄과 가치, 행복 추구권, 평등권, 자유권, 사회권, 청구권(국가에 일정한 청구를 할 수 있는 권리), 참정권 등이 기본권에 포함된다.

미디어 리터러시 미디어를 이해하는 능력, 미디어의 메시지를 분석 · 평가하는 능력, 이를 의사소통에 활용할 수 있는 능력을 종합적으로 일컫는 말이다. 나아가 미디어 생산 시스템, 미디어의 효과 등 미디어 산업 전반에 대한 이해를 포괄한다.

법치국가 법치주의에 의해 통치되는 국가를 법치국가라 한다. 법치주의 국가에서는 특정 지도자의 생각, 신념 등이 아닌 정해진 법률에 따라 국가 행정을 시행한다.

사법부 삼권분립의 원칙에 따라 세워진 기관으로, 법을 해석하고 판단하여 적용하는 기관이다. 법관들은 공정한 법 집행을 위해 양심에 따라 자유롭게 법 심판을 내릴 수 있어야 한다.

전체주의 개인의 모든 활동을 전체(국가, 민족 등)로 귀속시키는 정치 체제를 의미한다. 전체주의는 개인이 전체 속에서만 존재가치를 지닌다고 간주하기 때문에 집단의 발전을 위한 개인의 희생을 당연시한다.

조선중앙통신 북한의 유일한 국영 통신이다. 주로 정보 통제와 체제 선전 역할을 한다.

팩트 체크 정보의 진위를 검증하는 작업을 뜻한다. 가짜 뉴스가 심각한 사회 문제로 부상하고 이로 인한 폐해가 늘어나자 여러 언론사가 팩트 체크를 실시하고 있다.

페이크 다큐 '가짜의'란 뜻의 '페이크(fake)'와 현실을 사실적으로 기록하는 영상물을 의미하는 '다큐멘터리'를 붙여 만든 용어다. 관객의 신뢰와 몰입을 높이기 위해 허구의 상황을 다큐멘터리 기법으로 촬영한 것이다.

표리일체의 관계 표리일체란 '안팎이 한 덩어리가 된다.'는 뜻이다. 표리일체의 관계에 있다고 함은 두 사물이 밀접한 관계에 있음을 의미한다.

출처 보기

1. 오마이뉴스. 2018. “찌찌가 별거냐” 내가 페북 앞에서 옷 벗은 이유. 2018. 6. 14.

2. 경향신문. 2019. 페이스북, 또 ‘여성 유두’ 포함한 게시물 차단,
“행사 홍보물인데..”. 2019. 8. 2.

3. 헌법재판소. 2012. 8. 23. 2010헌마47.

4. 헌법재판소. 2011. 8. 30. 2009헌바42.

5. 헌법재판소. 1998. 4. 30. 95헌가16.

6. 한겨레. 2015. ‘수술실 생일파티 사진’ 누가 인터넷에서 가렸나. 2015. 4. 13.
http://www.hani.co.kr/arti/economy/it/686662.html

7. 오픈넷. 2014. 국민 불신 증폭시키는 방통심위의 유병언 시신 사진 규제 –
국민의 알 권리 위한 정보라도 혐오스럽다면 모두 못 봐. 2014. 8. 13.
https://opennet.or.kr/7367

8. 행정안전부 국가기록원. 2020. 금기와 통제 그리고 자율.
http://theme.archives.go.kr/next/tabooAutonomy/kindOfTaboo04.do

9. 헌법재판소. 2002. 6. 27. 99헌마480.

11. 중앙일보. 2018. 中, 1984 · 시쩌둥 등 금지어 지정...시진핑 종신집권 위해
검열 강화. 2018. 2. 28.
https://news.joins.com/article/22404586

12. 문화일보. 2020. '中만리방화벽' 각국 확산…
'검열인터넷 vs 자유인터넷' 양분 조짐. 2020. 2. 26.
http://www.munhwa.com/news/view html?no=2019062101073221339001
13. 연합뉴스. 2020. 리원량 추모 글 지워진다.. 비난 거세지자 중국 당국,
검열 강화. 2020. 2. 9. https://news.v.daum.net/v/20200209170902260
14. 한국경제. 2019. '빅 브러더' 푸틴, 러시아 인터넷 차단법 서명. 2019. 5. 2.
https://www.hankyung.com/international/article/2019050277251
15. 와이어드 코리아. 2020. 권위적인 민주사회의 선택 '인터넷 셧다운'.
2020. 1. 6. https://www.wired.kr/news/articleView.html?idxno=721
16. 연합뉴스. 2018. 터키 · 이집트 · 사우디 등 중동에 드리우는 인터넷 장벽.
2018. 7. 19. https://www.yna.co.kr/view/AKR20180719074700009
17. 다음백과. 2020. 빅 브라더가 당신을 지켜보고 있다.
https://100.daum.net/encyclopedia/view/47XX65200021
18. https://eduscol.education.fr/internet-responsable/

참고 자료

웹의 자유 옥죄는 '방통심의위원회'…Warning.or.kr의 불편한 진실.

경향신문. 2014. 2014. 1. 18.

http://news.khan.co.kr/kh_news/khan_art_view.html?art_id=201401182258301

세상에 대하여 우리가 더 잘 알아야 할 교양 52: 가짜 뉴스.

금준경. 2017. 내인생의책.

인터넷 표현의 자유. 박아란. 2014. 커뮤니케이션북스.

우리가 싫어하는 생각을 위한 자유. 앤서니 루이스. 2010. 박지웅 옮김. 간장.

자유권규약 19조 의견과 표현의 자유. 유엔 인권위원회. 2011. 일반논평 34호.

세상에 대하여 우리가 더 잘 알아야 할 교양 71: 혐오표현.

이승현. 2019. 내인생의책.

미디어 이용자의 책임과 권리에 관한 해외 미디어교육.

진민정. 2019. 미디어리터러시. 2019. 2. 28. https://dadoc.or.kr/2680

유엔 의사표현의 자유 특별보고관 한국 보고서. 프랭크 라 뤼. 2011.

더 알아보기

한국인터넷투명성보고서

http://transparency.or.kr/

대한민국 정부가 인터넷 이용자에 대해 취득한 통신 정보, 인터넷 게시물에 가한 규제 등을 파악한 후 관련 정보를 제공하는 웹사이트다. 수치, 제도, 정책, 뉴스 등을 종합적으로 제공한다.

사단법인 오픈넷

https://opennet.or.kr/

인터넷 자유, 표현의 자유의 확대를 목표로 활동하는 대한민국의 비영리 사단법인이다. 표현의 자유 보장, 감시와 관찰로부터의 자유, 폐쇄적 규제 개정, 망 중립성 확보, 공공데이터 개방 및 활용, 저작권 · 특허제도에 대한 대안 제시 등의 활발한 활동을 하고 있다.

진보네트워크센터

https://act.jinbo.net/

'국가와 자본의 검열과 통제로부터 자유로운 독립네트워크'를 목표로 하는 한국의 정보 인권 단체다.

전자프런티어재단(Electronic Frontier Foundation)

https://www.eff.org/

표현의 자유, 정보와 생각을 공유할 자유, 인터넷을 사용할 수 있는 자유 확보를 목적으로 하는 국제 비영리 단체다.

프리덤 하우스(Freedom House)

https://freedomhouse.org/

1941년 설립된 비영리 인권단체다. 민주주의와 정치적 자유를 위한 전 세계적 활동을 벌이고 있다. 세계 각국의 언론자유도 및 인터넷 자유도를 조사·발표하는 보고서도 발간한다.

방송통신심의위원회

http://www.kocsc.or.kr

방송과 정보 통신에 대한 심의 권한을 갖는 대한민국의 기관이다.

찾아보기

세상에 대하여 우리가 더 잘 알아야 할 교양

★《세상에 대하여 우리가 더 잘 알아야 할 교양 시리즈》
세더잘은 계속 출간됩니다.

각 권 12,000~14,000원

1권 공정무역, 왜 필요할까?
2권 테러, 왜 일어날까?
3권 중국, 초강대국이 될까?
4권 이주, 왜 고국을 떠날까?
5권 비만, 왜 사회문제가 될까?
6권 자본주의, 왜 변할까?
7권 에너지 위기, 어디까지 왔나?
8권 미디어의 힘, 견제해야 할까?
9권 자연재해, 인간과 자연이 공존하는 길은?
10권 성형 수술, 외모지상주의의 끝은?
11권 사형제도, 과연 필요한가?
12권 군사개입, 과연 최선인가?
13권 동물실험, 왜 논란이 될까?
14권 관광산업, 지속 가능할까?
15권 인권, 인간은 어떤 권리를 가질까?
16권 소셜네트워크, 어떻게 바라볼까?
17권 프라이버시와 감시, 자유냐, 안전이냐?
18권 낙태, 금지해야 할까?
19권 유전 공학, 과연 이로울까?
20권 피임, 인구 조절의 대안일까?
21권 안락사, 허용해야 할까?
22권 줄기세포, 꿈의 치료법일까?
23권 국가 정보 공개, 어디까지 허용해야 할까?
24권 국제관계, 어떻게 이해해야 할까?
25권 적정기술, 모두를 위해 지속가능해질까?
26권 엔터테인먼트 산업, 어떻게 봐야 할까?
27권 음식문맹, 왜 생겨난 걸까?
28권 정치 제도, 민주주의가 과연 최선일까?
29권 리더, 누가 되어야 할까?
30권 맞춤아기, 누구의 권리일까?
31권 투표와 선거, 과연 공정할까?
32권 광고, 그대로 믿어도 될까?
33권 해양석유시추, 문제는 없는 걸까?
34권 사이버 폭력, 어떻게 대처할까?
35권 폭력 범죄, 어떻게 봐야 할까?
36권 스포츠 자본, 약일까, 독일까?
37권 스포츠 윤리, 승리 지상주의의 타개책일까?
38권 슈퍼박테리아, 과학으로 해결할 수 있을까?
39권 기아, 왜 멈출 수 없을까?
40권 산업형 농업, 식량 문제의 해결책이 될까?
41권 빅데이터, 빅브러더가 아닐까?
42권 다문화, 우리는 단일민족일까?
43권 제노사이드, 집단 학살은 왜 반복될까?
44권 글로벌 경제, 나에게 좋은 걸까?
45권 플라스틱 오염, 재활용이 해답일까?
46권 청소년 노동, 정당하게 일할 권리 어떻게 찾을까?
47권 저작권, 카피라이트냐? 카피레프트냐?
48권 인플레이션, 양적 완화가 우리를 살릴까?
49권 아프리카 원조, 어떻게 해야 지속가능해질까?
50권 젠트리피케이션, 무엇이 문제일까?
51권 동물원, 좋은 동물원은 있을까?
52권 가짜 뉴스, 처벌만으로 해결이 될까?
53권 핵전쟁, 어떻게 막아야 할까?
54권 4차 산업혁명, 어떻게 변화되어야 할까?
55권 인공지능(AI), 우리의 친구가 될 수 있을까?
56권 소년법, 폐지해야 할까?
57권 시리아 전쟁, 21세기 지구촌의 최대 유혈분쟁
58권 스크린 독과점, 축복인가? 독인가?
59권 윤리적 소비, 윤리적 소비와 합리적 소비
60권 올림픽과 월드컵, 개최해야 하나?
61권 돈의 전쟁, 기축통화가 되기 위한 돈의 암투
62권 아파트, 최선의 주거 양식일까?
63권 통일 비용, 부담일까, 투자일까?
64권 은행의 음모, 은행에 돈을 맡겨도 될까?
65권 인구 문제, 숫자일까, 인권일까?
66권 기후 변화, 자연을 상품으로 대하면?
67권 우주개발, 우주 불평등을 초래할까?
68권 대출, 안 빌리면 끝일까?
69권 인구와 경제, 인구가 많아야 경제에 좋을까?
70권 명태, 우리 바다로 돌아올까?
71권 혐오표현, 차별 없는 세상 만들기
72권 선진국, 대한민국은 선진국일까?
73권 환율, 오르면 개인에게 이로울까?
74권 한글, 우리가 몰랐던 한글 이야기
75권 병역, 징병제냐, 모병제냐?
76권 식량안보, 국가가 다 해결할 수 있을까?
77권 한강의 기적, 다시 올까?
78권 실력, 정말 공정한 기준일까?
79권 미국, 어떻게 초강대국이 되었을까?
80권 집밥, 사라질까?
81권 인터넷 검열, 대안은 없을까?

내인생의책은 한 권의 책을 만들 때마다
우리 아이들이 나중에 자라 이 책이 '내 인생의 책'이라고 말할 수 있는 책을 만들고자 합니다.

세상에 대하여 우리가 더 잘 알아야 할 교양

⑧① 인터넷 검열 대안은 없을까?

손지원 지음

초판 인쇄일 2020년 6월3일 | 초판 발행일 2020년 6월 17일
펴낸이 조기룡 | 펴낸곳 내인생의책 | 등록번호 제10-2315호
주소 서울시 성동구 연무장5가길 7 현대테라스타워 E동 1403호
전화 02) 335-0449, 335-0445(편집) | 팩스 02) 6499-1165

ISBN 979-11-5723-621-3 (44300)
979-11-5723-620-6 (세트)

책값은 뒤표지에 있습니다. 잘못된 책은 구입처에서 바꾸어 드립니다.

이 도서의 국립중앙도서관 출판예정도서목록(CIP)은 서지정보유통지원시스템 홈페이지(http://seoji.nl.go.kr)와
국가자료종합목록 구축시스템(http://kolis-net.nl.go.kr)에서 이용하실 수 있습니다. (CIP제어번호 : CIP2020022064)

내인생의책에서는 참신한 발상, 따뜻한 시선을 가진 원고를 기다리고 있습니다.
원고는 나무의 목숨값에 해당하는 가치를 지녔으면 합니다.
원고는 내인생의책 전자우편이나 홈페이지를 이용해 보내 주세요.

전자 우편 bookinmylife@naver.com | **홈페이지** http://bookinmylife.com

어린이제품 안전 특별법에 의한 제품 표시

제조자명 내인생의책 | **제조 연월** 2020년 6월 | **제조국** 대한민국 | **사용연령** 5세 이상 어린이 제품
주소 및 연락처 서울시 성동구 연무장5가길 7 현대테라스타워 E동 1403호 02) 335-0449